Stefan Spath / Gerald Polzer

111 Orte im Salzkammergut, die man gesehen haben muss

Mit Fotografien von Pia Odorizzi

111

emons:

Bibliografische Information der Deutschen Nationalbibliothek
Die Deutsche Nationalbibliothek verzeichnet diese Publikation in der Deutschen Nationalbibliografie; detaillierte bibliografische Daten sind im Internet über http://dnb.d-nb.de abrufbar.

Gestaltung: Eva Kraskes, nach einem Konzept von Lübbeke | Naumann | Thoben
Kartografie: altancicek.design, www.altancicek.de
Kartenbasisinformationen aus Openstreetmap,

Druck und Bindung: Lensing Druck GmbH & Co. KG, Feldbachacker 16, 44149 Dortmund
Printed in Germany 2018
Erstausgabe 2013
ISBN 978-3-95451-231-7
Aktualisierte Neuauflage Juni 2018

Vorwort

Süße Operettenmelodien über blitzblauen Seen, zünftige Jodler, die von den Bergen schallen: So kennt man die Welt des Salzkammergutes. Doch hinter seinen herrlichen Kulissen bietet »Österreichs zehntes Bundesland« allerlei Überraschendes, Kurioses und manch Nachdenkliches. Wir wollen Ihnen in diesem Führer 111 Orte der etwas anderen Art präsentieren, deren Auswahl natürlich subjektiv ist. Doch alle Ziele, die wir ansteuerten, haben etwas gemeinsam – eine außergewöhnliche Geschichte.

Besuchen Sie mit uns Tuch- und Schuhmacher, Wildbartbinder, Schneider und Hutmacher. Erfahren Sie, warum eine unsichtbare Wand in der Literatur von Bedeutung ist. Wir entführen Sie nach China, Japan und Schwarzindien, zeigen Ihnen traumhafte Villen, die Tiefen und Untiefen der Salzkammergut-Seen, schauen auf einen Sprung bei der Berliner Mauer vorbei und vergessen natürlich nicht, das leibliche Wohl der Leser zu berücksichtigen. Sehnsuchtsorte vergangener Tage werden gegenwärtig, Kaiserin Sisi, Kaiser Franz Joseph und Erzherzog Johann erwachen zum Leben, Literaten und Komponisten spielen und schreiben vor Ihrem geistigen Auge – kurzum, Sie erlesen das Salzkammergut in seiner vollen Tracht und Pracht!

Die Erkenntnis zweier Globetrotter: Um einen abwechslungsreichen Urlaub zu erleben, braucht es keine Reise um die Welt, das Salzkammergut bietet exotische Seiten zuhauf. Wenn Sie dieses Buch gelesen haben, werden Sie das sicher auch so sehen. Unser besonderer Dank gilt den vielen Einheimischen, die uns mit offenen Armen empfangen haben und mit Rat, Tat und wunderbaren Geschichten zur Seite standen. Last, but not least … was sind die schönsten Storys ohne die richtigen Fotos? Danke an Pia Odorizzi für einfühlsame und stimmungsvolle Bilder einer Region, die durch einen ganz besonderen Zauber besticht.

111 Orte

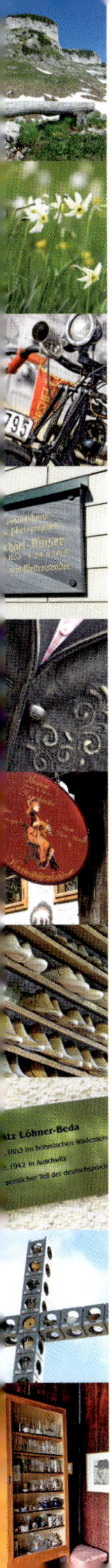

KK - BEGINN

1 Der Brahms-Salon

An der Stätte des Wirkens

Wer kennt nicht das wunderbare Wiegenlied »Guten Abend, gut Nacht« von Johannes Brahms? Im Salzkammergut erzählt man sich die Geschichte von einem Mädchen aus dem Ausseerland, das die Kinder seiner Nachbarsfamilie in Hamburg betreute und dabei alte Weisen aus der Heimat summte. Der Komponist wurde von den zarten Melodien inspiriert, und wer genau hinhört, kann bei seinem berühmten Schlaflied feine Ansätze wiedererkennen.

Dies blieb jedoch nicht die einzige Verbindung Brahms' mit dem Salzkammergut, denn er verbrachte viele Sommerfrischen in Bad Ischl und arbeitete dort in seiner »Komponierwerkstatt«. Die Jahre 1881/82 wurde er vom Ungarn Ladislaus Wágner in dessen Haus am Altausseer See eingeladen, das als Treffpunkt für Musiker und Literaten dieser Zeit diente. Der Anblick des mächtigen Losers und der gewaltigen Trisslwand war für den Meister besonders in den frühen, dunstigen Morgenstunden ungemein anregend, daher entstanden an den Gestaden des Sees ein Klaviertrio und ein Streichquartett – die Stücke erlebten später im Wágner'schen Salon ihre Welt-Uraufführung.

Die Villa ist längst dahingesunken, doch an ihrer Stelle entstand das Hotel Seevilla, dessen Besitzer dem Genius Loci huldigen und den großen Komponisten würdig ehren. Der Brahms-Salon erinnert an die legendäre Künstlerkolonie der damaligen Zeit, die Bilder an den Wänden, das Silbergeschirr in den Vitrinen und die gemütlichen Fauteuils vermitteln die Atmosphäre des Fin de Siècle. Ein dunkler Konzertflügel rundet das Bild ab, bei einer Melange kann man sich in einen Ohrensessel sinken lassen, die Augen schließen und die Musik des genialen Tonsetzers erahnen. So wie Brahms sich von der Stimmung des Ausseerlandes inspirieren ließ, hat der Platz selbst die Präsenz des Genies aufgesogen – wer sein Klaviertrio und Streichquartett hört, hat förmlich die Landschaft rund um den Altausseer See vor sich.

Adresse Hotel Seevilla, Fischerndorf 60, 8992 Altaussee, Tel. +43 (0)3622/71302, hotel@seevilla.at, www.seevilla.at | **Öffnungszeiten** Rufen Sie vorher im Hotel an, der Brahms-Salon hat nach Bedarf geöffnet. | **Anfahrt** B 145 nach Altaussee, im Zentrum zum Hotel Seevilla direkt am Altausseer See fahren | **Tipp** Wer Fisch liebt, geht am Abend ins Restaurant Strandcafé und genießt frisch gefangene Forellen direkt am See.

2 Der Geo-Erlebnisweg

Spaziergang übers Korallenriff

»Bua los!« – Klingt wie das Startzeichen zu einem Wettrennen, bedeutet aber etwas anderes. »Losen« heißt in steirischer Mundart »hören«. Der 1837 Meter hohe Loser hat seinen Namen genau aus diesem Grund, denn die Ausseer kraxelten im Mittelalter auf den Gipfel, um zu hören, ob aus dem Ennstal Unheil dräute.

Mittlerweile leben die Steirer Buam friedlich miteinander, und der Loser ist ein Paradies für Wanderer und Bergsteiger. Er markiert den südlichsten Gipfel des Toten Gebirges und gilt als steinernes Wahrzeichen des Ausseerlandes. Die Aussicht von der Bergspitze ist ein alpines Highlight für jeden Bergfex.

Das Loser-Plateau wurde zu einem Erlebnisweg umgestaltet, die flache Lage bietet ideale Bedingungen für eine gemütliche Wanderung, die trotzdem Vielfältiges zu bieten hat. Abgesehen von einem fast unwirklichen Fernblick, werden auf 25 Stationen die Entstehung, die Gesteinsformationen und die heutige Landschaft rund um den Loser erklärt. Der Weg führt in einem großen Bogen über bizarre Karstflächen, vorbei am Augstsee, durch ein über Millionen Jahre gewachsenes Gebiet. Kaum zu glauben, doch hier existierte vor langer Zeit ein tropisches Meer mit Korallenriffen, aus denen zerklüftete Felsen, die sogenannte Schichtstufenlandschaft, entstanden sind.

Zentraler Punkt der Erlebnistour ist die Loser Alm mit ihrem Bergrestaurant. Die Wanderung dauert um die zwei Stunden und ist prinzipiell für jedermann tauglich, eine Broschüre, die alle 25 Stationen genau und verständlich erklärt, kann man im Almgasthaus erwerben. Allerdings sollte man sich von der gemütlichen Anreise und dem leichten Schritt nicht täuschen lassen, man genießt und ist trotzdem einer Gefahr ausgesetzt – hier herrschen hochalpine Verhältnisse! Nichts für Halbschuhtouristen – deshalb vergessen Sie nicht, wetterfeste Kleidung und Schuhe zu tragen … Die Bergrettung wird es Ihnen danken!

Adresse Restaurant Loser Alm, Lichtersberg 84 (Ende der Loser Panoramastraße) 8992 Altaussee | **Öffnungszeiten** Die Natur hat immer geöffnet! | **Anfahrt** B 145 nach Altaussee, dort den Schildern zur Loser Panoramastraße folgen | **Tipp** Als alternative Bergtour bietet sich das Loser Fenster an – ein gewaltiges Felstor mit phantastischem Panoramablick aufs Tote Gebirge.

3 Das Literaturmuseum

Zur ebenen Erd' und im ersten Stock

Landschaftliche Schönheit und die magische Stimmung des Ausseer Landes haben schon immer Maler, Komponisten und Schriftsteller fasziniert. Wer hier die klare Luft atmet, den Blick über das Wasser gleiten lässt und den morgendlichen Dunst von den Berggipfeln heruntersteigen sieht, den packt die kreative Kraft und der greift mit Freude zu Pinsel oder Feder. Die Namen der Tonsetzer und Poeten sind Legion: Johannes Brahms, Gustav Mahler und Richard Strauß komponierten in dieser wunderbaren Landschaft Musik für die Ewigkeit. Arthur Schnitzler, Hugo von Hofmannsthal, Jakob Wassermann und Friedrich Torberg brachten ihre sprühenden Gedanken zu Papier, und große Architekten wie Adolf Loos ließen sich hier von der Wucht der Berge inspirieren.

Diese Auswahl von Geistesgrößen ist beliebig und natürlich unvollständig, eines aber ist klar: Altaussee ist das Herzstück des schöpferischen Salzkammerguts. Daher lag der Gedanke nahe, ein Literaturmuseum im Kurhaus des Ortes einzurichten, was 2005 unter der Patronanz der Altausseer Schriftstellerin Barbara Frischmuth geschah. Die Räume sind mit Bildern und Texten von Literaten bestückt, man kann Lese- und Hörproben genießen und sich durch die Geschichte des Ortes und das Werk der hier lebenden Künstler blättern und schmökern.

Wem der Sinn nach Kuriositäten steht, der muss in den ersten Stock spazieren, denn dort wartet das Kabinett des Professor Brendel – lassen Sie sich von berühmten Wachsfiguren überraschen. Barbara Frischmuth ist auch die Initiatorin des Literaturgartens, den sie vor dem Museum selbst einrichtete. Blumen und Pflanzen, die aus ihren Gartenbüchern bekannt sind, haben hier ebenso einen Platz gefunden wie Gedenktafeln von großen Schriftstellern und lauschige Plätze zum Verweilen. Also im Literaturmuseum gustieren, im Geschäft ein Buch kaufen, in den Park setzen – und einfach Ambiente und Literatur genießen.

Adresse Literaturmuseum Altaussee, Kur- & Amtshaus Altaussee, Fischerndorf 61, 8992 Altaussee, Tel. +43 (0)664/4441069, literaturmuseum@gmx.at, www.literaturmuseum.at | **Öffnungszeiten** Mo–Sa, Juni–Sept. 10–12 Uhr und 14.30–18 Uhr; Okt.–Mai 14.30–17 Uhr | **Anfahrt** Auf der B 145 nach Altaussee bis zum Informationsbüro im Ortszentrum fahren – das Literaturmuseum befindet sich im gleichen Haus. | **Tipp** Das Literaturmuseum ist Ausgangspunkt der »Literatour« – Sie wandern auf den Spuren berühmter Schriftsteller und lernen ganz nebenbei ein paar schöne Wirtshäuser kennen.

4 Die Salzwelten-Raubkunst

Rettung in letzter Sekunde

Der fesche George Clooney mimt im Film »The Monuments Men« einen amerikanischen Offizier, der nach dem Zweiten Weltkrieg hinter geraubten Kunstschätzen der Nazis her ist. A la Hollywood werden hier die Tatsachen ein wenig zurechtgebogen, aber im Grunde stimmen die Stories um die Raubkunst – die Salzwelten Altaussees sind der beste Beweis dafür. Hier taten sich während des Weltkrieges in einem Stollen unglaubliche Dinge:

Adolf Hitler hatte einen enormen Kunstschatz zusammengerafft und diesen, als die Front unweigerlich näher rückte, hier in Sicherheit gebracht. Aus dem besetzten Europa wurden erlesenste Stücke ins Salzkammergut transportiert, die das »Führermuseum« in Linz schmücken sollten. Temperatur und Luftfeuchtigkeit im Salzbergwerk boten ideale Bedingungen zur Aufbewahrung von Gemälden, Teppichen und anderen Kunstgegenständen. Über Jahre verschwanden Kleinode menschlichen Schaffens in den dunklen Höhlen des Berges. Als das Ende für die Nazis nahte, wurde von der örtlichen Behörde der Befehl erteilt, die Stollen in die Luft zu sprengen und damit unersetzliche Werte zu vernichten. Eine Allianz der Vernünftigen stemmte sich gegen diesen Irrsinn, Bergleute, Soldaten und Widerstandskämpfer retteten die Kulturgüter und übergaben sie unversehrt den »Monuments Men«.

Mittels einer Multivision auf 16 Monitoren wird durch simultane Zuspielung die Vergangenheit des Bergwerks lebendig. Bildschirme sind auf ehemaligen Lagergerüsten positioniert und zeigen die zusammengestohlenen Kunstwerke und die Geschichte ihrer Bedrohung und dramatischen Rettung. Ob die Samariter der europäischen Kunstgeschichte so schön waren wie George Clooney, ist nicht belegt. Ihre Verdienste jedoch kann man nicht hoch genug einschätzen, denn durch ein paar banale Sprengkapseln wären um ein Haar Bilder von Caravaggio, Albert Dürer und Leonardo da Vinci mit dem Dritten Reich untergegangen.

Adresse Lichtersberg 25, 8992 Altaussee, Tel. +43 (0)6132/2002400, info@salzwelten.at, www.salzwelten.at | **Öffnungszeiten** von Ende Mai – Mitte Sept. von 9 – 16 Uhr stündliche Führungen; in der Nebensaison vorher anrufen (Öffnungszeiten variieren je nach Jahreszeit) | **Anfahrt** B 145 nach Altaussee, im Zentrum Richtung Loser fahren, den Schildern Salzwelten folgen (circa 4 Kilometer bis zum Stolleneingang) | **Tipp** In einer Galerie im Steinberghaus – am Ausgang des Stollens – werden jedes Jahr von Juli bis Dezember Werke von Künstlern aus dem Salzkammergut präsentiert.

5 Das Radmuseum

Ohne Fahrrad kein Asphalt

Millionen Autos rasen durch die Welt, chromblitzend und abgaserzeugend werden sie zu einer immer größeren Plage unserer Zeit. Das Fahrrad hingegen ist ein wahres Labsal für die Natur und hält obendrein seinen Besitzer fit und frisch. Mittlerweile haben sich Städte mit Radspuren und die Tourismusgebiete mit Radtouren fit für den Ansturm der Velozipedisten gemacht, man kann Räder kaufen, die teurer als Mittelklassewagen sind. Radfahren ist chic.

Bereits Mitte der 1990er haben ein paar Fans ein Radmuseum in Altmünster eröffnet, das einen Blick auf Geschichte und Modellpalette der Drahtesel von einst und jetzt gewährt. Eigentlich als Sonderausstellung für kurze Zeit gedacht, war das Interesse so groß, dass sich ein richtiges Museum entwickelte. Um die 130 Exponate sind zu bewundern; hölzerne Laufräder von 1818, mächtige Hochräder und vor allem Räder aus österreichischer Produktion – in der k.u.k.-Zeit gab es hier einige Spitzenerzeuger – erzählen ihre Geschichten.

Der Freiherr von Drais hatte Anfang des 19. Jahrhunderts die Idee eines Vehikels auf zwei Rädern. Bald wurde entwickelt und verbessert, Neues geschaffen, Verrücktes fabriziert … und ist heute hier ausgestellt.

Wussten Sie, dass es Hochradfahrer waren, die Straßen asphaltieren und Wegkarten anfertigen ließen, um besser vorwärtszukommen? In Altmünster bekommt man echte Insiderinformationen, die Stories rund ums Rad erzählen. Es gibt hier keine lästigen Barrieren, man ist »hautnah« dabei und kann sogar mit Simulatoren und Modellen auf den Spuren der einstigen Pedalritter wandeln. Warum das Museum im Salzkammergut steht, liegt auf der Hand: Die Landschaft ist wie geschaffen für Radtouren, schon zu Kaisers Zeiten schwärmte seine Entourage aus, um radelnd Sommerfrische zu erlangen. Kaum zu glauben, selbst der große Arthur Schnitzler ließ sich den Fahrtwind um die Ohren wehen.

Adresse Maria-Theresia-Straße 3A, 4813 Altmünster am Traunsee, Tel. +43 (0)650/4748665, office@radmuseum.at | Öffnungszeiten Mai, Sept., Okt. Sa und So 14–17 Uhr (unter der Woche nach Terminabsprache); Juni–Aug. täglich 10–12 und 13–17 Uhr | Anfahrt Westautobahn A 1 Abfahrt Regau nach Gmunden, weiter nach Altmünster ins Ortszentrum fahren | Tipp Es gibt immer wieder Sonderausstellungen rund um das Thema Motorrad – Termin erfragen! In der Ebenzweierstraße 2 in Altmünster hat die Familie Zwetti eine enorme Modelleisenbahn aufgestellt, die frei zugänglich ist – für Fans ein Kleinod!!

6 Die Narzissenfelder

Der weiß-gelbe Teppich

»Die Narzisse war für alle, unsterbliche Götter und sterbliche Menschen, ein wundervoller Anblick, aus ihren Wurzeln wuchsen 100 Köpfchen, die einen so süßen Duft verströmten, dass der ganze weite Himmel droben und die ganze Erde lachten und die salzige Flut des Meeres.« Homer schrieb diese wunderbaren Verse über eine der schönsten Blumenarten dieser Welt. Nicht umsonst trägt der Jüngling Narziss, dem sein Spiegelbild lieber war als jeder andere Mensch, ihren Namen und leitet sich die Narkose vom betörenden Duft der Pflanze ab.

Der sogenannten Dichternarzisse haben wir es zu verdanken, dass sich alljährlich von Anfang Mai bis Mitte Juni die Wiesen und Waldränder des Salzkammerguts in einen wahren Farbenrausch verwandeln, denn dann wiegen sich die weiß-gelben Blumen zu Abertausenden im sanften Wind des Frühlings. Zwischen Loser, Dachstein und dem Toten Gebirge entfaltet sich, einem gewobenen Teppich gleich, das Naturschauspiel voll Duft, Blüten und floraler Anmut. In Bad Aussee wird zu Ehren der Narzisse Ende Mai ein viertägiges Fest gefeiert, das auf eine mehr als 50-jährige Tradition zurückblicken kann. Dann stehen die Wahl der Narzissenkönigin, ein Trachtenumzug und als Highlight ein Autokorso mit großen, phantasievollen Figuren aus Narzissen an. Diese Kunstwerke werden von Einheimischen in liebevoller Handarbeit gefertigt und zum Abschluss der Feierlichkeiten mit Booten über den Grundlsee oder Altausseer See gefahren.

Wer glaubt, dass Dichternarzissen und das festliche Drumherum eine Ausseer Spezialität sind, könnte sich irren. Hallstatt wurde von den Chinesen ja bereits nachgebaut, und vor Kurzem konnte man ein Kamerateam aus dem Reich der Mitte dabei beobachten, wie es fleißig das Narzissenfest filmte … Vielleicht schippern bald Chinesen in der Krachledernen in Narzissen-geschmückten Drachenbooten über den Jangtse.

Adresse Überall im Ausseerland | **Anfahrt** Einfach ins Ausseerland fahren und die Augen offen halten. | **Tipp** Narzissen anschauen und ihren Duft genießen, aber nicht pflücken – die Blumen sind eine bedrohte Pflanzenart!

7 Der Alpengarten

Küchenschelle, Enzian und Co.

Vegetation ist eine Sache des Klimas und manchmal recht einseitig. In der mexikanischen Wüste kämpfen Kakteen um jeden Tropfen Wasser, in den Regenwäldern Brasiliens muss man sich dafür mit der Machete einen Pfad durch die rasend schnell wachsenden Lianen schlagen. Im Ausseerland ist das Wetter abwechslungsreich, feucht und ideal für viele Pflanzen unseres Planeten.

Im ältesten Alpengarten der Steiermark wachsen mehr als 2.000 Arten, die in eigenen Themengärten angeordnet sind – es ergießt sich ein wahres Füllhorn von Pflanzen, Kräutern und Blumen über das Blickfeld des Besuchers. Schon während der Schneeschmelze wagen sich Leberblümchen und Alpenglöckchen aus der Deckung, und im Frühling und Sommer gleicht die Landschaft einem Blütenmeer. Die typischen Alpenpflanzen wie Enzian, Frauenschuh und Schwertlilien geben dem Garten seinen unverwechselbaren Touch, spätere Schmuckstauden und Orchideen sind das ganze Jahr über eine Offenbarung für Gartenliebhaber. Die kühle Jahreszeit wird von Herbstastern, Sonnenblumen und asiatischen Enzianen begleitet, ehe sich die Natur zur Winterruhe begibt.

Jedermann kann auf eigene Faust durch den Garten streifen, doch es gibt auch geführte Wanderungen und spezielle Angebote für Kinder. Der »Libellenweg« führt entlang mehrerer Stationen und informiert über die Fauna der Moorwiesen wie Fledermäuse und Libellen. Im Alpengartenhaus dürfen Kinder unter kundiger Hand Pflanzen und Tiere mikroskopisch untersuchen und die Geheimnisse des Ausseer Ökosystems erforschen.

Der Reichtum des Salzkammergutes sind nicht nur das weiße Gold und die beschaulichen Seen und luftigen Berggipfel, sondern auch seine Pflanzenwelt. Ab und zu muss der Besucher mit ein paar Stunden Schnürlregen rechnen – aber noch immer besser, als neben dem Kaktus zu verdursten oder im Urwald von Lianen umschlungen zu werden.

Adresse Ischlbergstraße 67, 8990 Bad Aussee, Anmeldung für Führungen unter Tel. +43 (0)676/83622543 | **Öffnungszeiten** Mai–Sept. täglich von 8–18 Uhr | **Anfahrt** Der Alpengarten befindet sich direkt an der B 145, Kilometer 82,6, unweit der Einfahrt Richtung Altaussee in Fahrtrichtung Bad Ischl. | **Tipp** Nach dem Besuch des Alpengartens beim Wandern die Augen offen halten – viele Pflanzen werden sie am Loser oder bei der Trisselwand wiedererkennen.

8 Der Ausseer Hutmacher

Wohlbehütet wie der steirische Prinz

Erzherzog Johann gilt als Entdecker des Salzkammergutes. Dass ihn sein Bruder Franz II. von Österreich aus Wien hinausgedrängt hatte, erwies sich besonders für das Ausseerland als Glücksfall. Der modern denkende Johann leistete Enormes für diesen Landstrich, brachte viele Reformen in Schwung und ging als »Steirischer Prinz« in die Geschichte ein.

Ein Hauptgrund für seine Liebe zu Aussee war wohl am Postamt zu finden, denn dort stempelte die Postmeisterstochter Anna Plochl die Briefe und bald auch sein Herz. Die beiden heirateten und neben ihrer immerwährenden Liebe verband sie die Leidenschaft für Hüte, denn selten wurde das Paar barhäuptig gesehen – bei Johann auch darauf zurückzuführen, dass die Habsburger Stirn immer höher und lichter wurde. Aus dieser Passion entstanden Hutklassiker, die noch heute getragen und von der Hutmacherei Leithner mit handwerklicher Raffinesse hergestellt werden.

Die Firma existiert seit bald 500 Jahren und wird heute von Alexander Reiter in alter Tradition geführt. Die sogenannten »Stumpen« aus Hasenhaar oder Schafwolle werden in vielen Schritten zu edlen Hutkreationen geformt, neben dem klassischen »Ausseer« kann der Kunde zwischen ganzen 200 (!) Modellen wählen, die allererste Qualität und feinste Verarbeitung garantieren. Grün ist die Standardfarbe, doch werden Sonderwünsche problemlos erfüllt – und »Garnierungen« wie Seidenbänder, Schnüre und Federn sorgen zusätzlich für ein gefälliges Aussehen der Kopfbedeckungen.

Im Salzkammergut ist der Hut ein fixer Bestandteil der Kleidung, denn neben Eleganz bietet er auch Schutz gegen den Regen, der hier ganz gerne häufiger vom Himmel fällt. Sollten Sie eines der »Originale« erstehen, beachten Sie eine wichtige Regel: Damen dürfen ihren Hut immer am Kopf behalten, Herren müssen ihn bei Tisch und im Auto abnehmen – hier lassen ihn nur unkundige Städter auf.

Adresse Firma Leithner, Alexander Reiter, Bahnhofstraße 129, 8990 Bad Aussee, Tel. +43 (0)3622/52818, Mobil: +43 664 3376252, box3@aon.at, www.ausseer-hut.at | **Öffnungszeiten** Die Firma ist ein Großhandel, vor dem Besuch bitte anrufen! | **Anfahrt** B 145 nach Bad Aussee ins Zentrum und von dort in die Bahnhofstraße fahren | **Tipp** Hut, Dirndl und Lederhose gehören zusammen – also in den Ausseer Trachtengeschäften stöbern.

9 Die Gedenktafel Moser

Im Reich des Tennos

1870 war die Reise von Wien ins Salzkammergut schon eine beschwerliche Sache und lohnte sich nur, wenn man den gesamten Sommer hier verbrachte. Asien war so weit entfernt wie der Mond und Japan eine »Terra incognita« mit mittelalterlich anmutenden Ritualen. Umso erstaunlicher ist die Lebensgeschichte Michael Mosers, der als Sohn eines Salzarbeiters geboren wurde.

Die Aussicht auf dasselbe Schicksal war für Michael keine Perspektive, daher zögerte er keine Sekunde mit seiner Zusage, als ihn der Fotograf Wilhelm Burger als Gehilfen auf eine Expedition nach Japan mitnehmen wollte. Die Insel zog ihn in ihren Bann, er blieb nach Abschluss der Arbeit dort, heuerte beim Magazin »The Far East« an und bereiste das Land – als blutjunger Europäer ein Exot erster Ordnung.

Seine Fotografien waren von hohem künstlerischem Wert und zeigen das Land der untergehenden Sonne in seiner Unberührtheit vor dem Eingriff der amerikanischen und europäischen Kultur. Durch das Erlernen der japanischen Sprache und die Aneignung eleganter Umgangsformen tummelte sich Moser bald in den höchsten Kreisen – der Höhepunkt seiner Karriere war die Begegnung mit dem Tenno, dem japanischen Gottkaiser. Später wurde er Übersetzer für die japanische Delegation bei den Weltausstellungen in Philadelphia und Wien und kehrte so in seine Heimat zurück.

Der Gedenkstein in der Ischler Straße erinnert an den Weitgereisten, der in Bad Aussee nach der Rückkehr aus fernen Ländern mehrere Fotostudios eröffnete und sich einen Namen als Landschafts- und Architekturfotograf machte. Sein Œuvre gilt als Meilenstein von hoher kulturhistorischer Bedeutung und ist ein Zeugnis für Mut und Entschlusskraft: Hätte sich der kleine Michael seinem Schicksal gefügt und wäre Salzarbeiter geworden, gäbe es keine Bilddokumente eines unberührten Japans, in dem Samurais, Geishas und Teezeremonien das Leben bestimmten.

Adresse Haus Babusek, Ischler Straße 191, 8990 Bad Aussee | **Anfahrt** B 145 nach Bad Aussee, in die Bahnhofstraße abzweigen, nach Übersetzen der Traun links in die Ischler Straße einbiegen | **Tipp** Sollten Sie weiteres Interesse an Michael Moser haben, besuchen Sie das Kammerhofmuseum (siehe Seite 47) – die Kuratorin Erika Selzer ist eine Koryphäe auf diesem Gebiet.

10 Das Lotus-Museum

Der Weltmeister ist unsterblich

Jochen Rindt war ein pfeilschneller Rennfahrer, aber ein umso schlechterer Schüler und sauste daher in hohem Bogen aus dem Gymnasium in Graz. Die verzweifelten Großeltern fanden eine Privatschule in Bad Aussee, fortan drückte Klein Jochen hier die Schulbank. Sein wahrer Sinn strebte jedoch nach Tempo pur, und so machte er auf den verschlungenen Straßen erste Rennversuche in seinem VW-Käfer. Der Ausseer Josef Loitzl wurde auf den Jungspund aufmerksam, verfolgte seinen steilen Aufstieg in der Welt des Rennsports und begann, alles zu sammeln, was mit Rindt und der Marke Lotus zusammenhing – der englische Rennwagen wurde zur Lebenspassion Loitzls. Der gelernte Tischler blieb nicht bei Fotos und Büchern, sondern werkelte in seiner Garage bald an richtigen Lotussen herum und gründete mit Gleichgesinnten einen Fanklub.

Der nächste logische Schritt war ein Museum, das 2004 entstand und wahre Prachtstücke der Kultmarke beheimatet. Ein Formel-1-Rennwagen und straßentaugliche Modelle wie Eleven, Gold Leaf und Esprit bilden ein Kaleidoskop, das von unglaublichen 1.000 (!) Modellautos abgerundet wird. Wer auf schnelle Boliden abfährt, befindet sich hier im Schlaraffenland und kann tief in den Mythos der rasenden Geschosse eintauchen.

Nach einem Rundgang kann man sich in einem eigens eingerichteten »Jochen Rindt Winkerl« seiner erinnern. Er war als Rennfahrer und Mensch einzigartig, seine Leidenschaft und Lässigkeit sprichwörtlich – er wurde zum Idol einer Generation. Damals ging es auf der Piste noch Mann gegen Mann, Fahrkunst entschied und nicht bloße Materialüberlegenheit, Punkte wurden auf der Rennstrecke gemacht und nicht im Techniklabor.

Jochen Rindt wurde 1970 bei einem tragischen Unfall in Monza getötet und posthum zum Weltmeister erklärt. Hier in Bad Aussee lebt die Legende weiter, Rindt und Lotus sind eins wie in ihren besten Tagen. »Jochen, schau oba!«

Adresse Pötschenstraße 11, 8990 Bad Aussee, Kontakt: Josef und Angelika Loitzl, Tel. +43 (0)3622/52844, office@lotusfreunde.com, www.lotusfreunde.com | **Öffnungszeiten** Rufen Sie vorher an, gegen einen kleinen Obolus werden Sie vom Besitzer persönlich durch die Ausstellung geführt. | **Anfahrt** Das Museum liegt in Bad Aussee direkt an der B 145. | **Tipp** Mitte August wird vom Lotus-Museum die Berg-Trophy auf dem Loser veranstaltet – schöne Autos in prachtvoller Umgebung.

11 Die Mercedes-Brücke

Ein Stern der Gnade

Piloten haben es gut – wer im Hubschrauber über Bad Aussee kreist, hat die beste Aussicht auf die eindrucksvollste Sehenswürdigkeit des Ortes. Auf dem Zusammenfluss von Grundlseetraun und Altausseertraun thront ein gigantischer Mercedes-Stern, der als chromblitzende Rundbrücke dient.

Das Bauwerk ist ein Beispiel dafür, dass sich Ösis und Piefkes doch ganz gut verstehen, denn die Idee zur Brücke wurde bei einem deutsch-österreichischen Stammtisch in Aussee geboren. Politik und Wirtschaft waren sich bald einig, und 2005 wurde anlässlich der Landesausstellung »Narren und Visionäre« das »Denkmal« enthüllt. Name und Symbol stehen für ein großes Kapitel der Automobilgeschichte, auch hier arbeiteten die beiden Nationen Hand in Hand.

Der Wiener Geschäftsmann Emil Jellinek war Rennfahrer und lenkte um 1900 einen für damalige Verhältnisse atemberaubend schnellen Daimler »Phönix« – die Tachonadel zeigte 40 km/h! Durch hervorragende Kontakte zu Adel und Hochfinanz wurde Jellinek vom Fahrer zum Verkäufer der »Geschosse« und bald Hauptabnehmer von Daimler. Seine Tochter trug den schönen Namen Mercedes – die Gnädige. Mit ihr wurde die Namenspatronin der Marke geboren, ihr Vater nannte sein Rennteam fortan Mercedes, und diese Bezeichnung wurde zum Selbstläufer und Synonym des Luxuswagens. Den Stern dazu entwarf Gottlieb Daimler selbst, er sollte die »universelle Motorisierung zu Lande, zu Wasser und in der Luft« symbolisieren. 27 Meter im Durchmesser misst das Monument und ist damit mit Abstand der größte Mercedes-Stern der Welt.

In Hollywood gibt es den Walk of Fame, wo sich Showgrößen auf einer kleinen Plakette mit einem eigenen Stern verewigen dürfen. Mit solchen Kleinigkeiten gibt man sich im Salzkammergut nicht ab: Wer in Bad Aussee über die Traun spaziert, macht einen »Walk-around-the-Fame«, auf dem der schönen Mercedes gehuldigt wird.

Adresse im Kurpark über dem Zusammenfluss zweier Traunarme, 8990 Bad Aussee | Anfahrt Auf der B 145 nach Bad Aussee ins Zentrum zum Kurhaus fahren, die Brücke ist nicht zu übersehen! | Tipp Direkt neben der Brücke befindet sich die Frauengruber-Promenade – bei einem kleinen Kneipp-Marsch kann man das Wasser der Traun spüren.

12 Der Mittelpunktstein

Nabel der Welt

Im Mittelpunkt zu stehen ist für viele Erdenbürger das Nonplusultra ihres Daseins, und zahlreiche Regenbogenblätter füllen ihre Seiten mit Geschichten und Geschichtchen über die Leutchen aus der High Society.

Was es wirklich heißt, im Mittelpunkt zu sein, können allerdings nur die Bad Ausseer beurteilen, denn sie haben es Schwarz auf Weiß, dass haargenau sie im Zentrum Österreichs leben – ein Gutachten der Universität Wien brachte kurz nach dem Zweiten Weltkrieg diese erstaunliche Erkenntnis. Mit einem großen Trachtenfest wurde dieses denkwürdige Ereignis gefeiert, überall flatterten rot-weiß-rote Fahnen, und sogar der Rundfunk übertrug live!

40 Jahre später wurde das Tüpfelchen aufs i gesetzt und 1989 im Kurpark der Mittelpunktstein enthüllt. Der Künstler Erich Laufer formte aus dem drei Tonnen schweren Stein aus Fludergrabenmarmor die Konturen eines menschlichen Torsos. Der Werkstoff kommt aus einem heimischen Steinbruch. Die Mitte ziert eine Bronzescheibe mit dem Namen »Omphalos« – Altgriechisch für Nabel und damit die perfekte Bezeichnung für einen Ort, der das Zentrum der Alpenrepublik markiert. Die Zeitbrücke zum Mittelalter wird mit dem Schriftzug »ause« geschlagen, der oberhalb der Medaille prangt. Diese Bezeichnung wurde 1505 erstmalig als Gemeindesiegel von Bad Aussee verwendet und dient als Synonym für die große und lange Geschichte des Ortes.

Es war die »Große Österreich Illustrierte«, die 1949 den Wettbewerb um das Zentrum des Landes ausgerufen und Bad Aussee als Sieger wortwörtlich zum Mittelpunkt erkoren hatte. Man kann viel über den Sinn und Zweck solcher bunten Blätter philosophieren, doch in diesem Fall hatte die Kampagne nur gute Seiten: Bad Aussee rückte aus seiner vermeintlichen Randlage ins Auge der Öffentlichkeit und gewann den Jackpot – aus einem versteckten Dorf wurde ein Geheimtipp für Genießer, Stars und Sternchen.

Adresse Kurpark im Ortszentrum, 8990 Bad Aussee | **Öffnungszeiten** jederzeit begehbar | **Anfahrt** B 145 nach Bad Aussee, im Zentrum neben dem Kurhaus befindet sich der Kurpark | **Tipp** Wenn Sie im Kurpark lustwandeln, sollten Sie auch den »Bunten Fischbrunnen« und das Erzherzog-Johann-Denkmal besichtigen.

13 Der Schneider Greul

Der Schöpfer himmlischer Kleider

In diesem Haus bedeutet Arbeit Freude, nicht lästige Pflicht. Am Meranplatz betreibt Franz Greul eine Schneiderwerkstatt ganz besonderer Art. Seit bald 20 Jahren werden hier Menschen abseits des modischen Mainstreams glücklich gemacht, viele kommen als Kunden und gehen als Freunde. Das Gebäude stammt aus dem 13. Jahrhundert und ist damit ein ideales Umfeld für Kleidung, die für Tradition, Beständigkeit und allerhöchste Qualität steht. Das Motto des Hausherrn kann mit einem Satz beschrieben werden: Von allem nur das Beste. Klassische Mode, in handwerklicher Perfektion gefertigt, steht im Mittelpunkt. Der Name Greul steht für einzigartigen Service, feinstes Tuch als Grundstoff und Liebe an der Sache bei jedem Nadelstich.

Für ein Sakko werden im Schnitt 100 Stunden Arbeit aufgewendet, bei einer Technik, die sich seit einem Jahrhundert nicht verändert hat. So wird eine Unterkonstruktion aus Pferdehaar verwendet, die Tragequalität pur garantiert. Eine kleine Finesse am Rande: Jedes Sakko ist so gearbeitet, dass zehn Kilo zu viel an Gewicht mühelos kaschiert werden können – Kleidung für Genießer also! Ein eigenes Archiv mit Stoffen sorgt für prompten Nachschub bei Ärmeln und Krägen, Nachjustieren ist also jederzeit möglich, sodass ein Kleidungsstück aus Greul'scher Fertigung ein Leben lang getragen werden kann.

Die Prominenz gibt sich hier die Klinke in die Hand und stellt große Anforderungen an die Qualität der Maßkleidung. Verbesserungen und Raffinessen sind an der Tagesordnung, Fehlerlosigkeit ist ein Grundprinzip – entdeckt der Kunde einen Makel, bekommt er das Kleidungsstück als Präsent. Bevor diese edlen Stücke die Werkstatt verlassen, lässt der Meister, einem Künstler gleich, diese noch ein wenig ruhen und betrachtet sie – in seiner natürlichen Haltung messend über den Schneidetisch gebeugt. Die Freude am Werk ist sein Lebenselixier.

Adresse Meranplatz 157, 8990 Bad Aussee, Tel. +43 (0)3622/54785 | Öffnungszeiten Mo–Fr 8–18 Uhr, Sa 8–14 Uhr | Anfahrt B 145 nach Bad Aussee ins Zentrum, nach dem Kurhaus die Hauptstraße entlang bis zum Meranplatz fahren | Tipp Die Wartezeit auf Maßkleidung von Greul ist natürlich lang, im hauseigenen Laden gibt es aber Mode vom Feinsten aus aller Welt.

14 Der Tuchmacher Wach

Tradition unbedingt bewahren!

Der Prince of Wales ist in edelsten englischen Zwirn gehüllt, die Schneider von der Savile Row stehen bei ihm Schlange. Doch ein Tuch seiner Garderobe, bedruckt mit steirischen Hirschen, kommt aus einer ganz anderen Gegend, nämlich dem Salzkammergut. Mitten in Bad Aussee betreibt die Familie Wach ein Geschäft ganz besonderen Zuschnitts. 400 Jahre steht das Haus, vor 40 Jahren begann der gelernte Fotograf Josef Wach mit der Produktion traditioneller Trachtentücher. Ein Freund hatte damals über den Mangel schöner, althergebrachter Tücher geklagt, und damit war der Groschen gefallen.

Zur ebenen Erde wird verkauft, im ersten Stock in der Werkstatt gearbeitet. Mit Präzision und ruhiger Hand wird abgekochter Seidentwill aufgespannt und mit glatten Hartholzmodeln bedruckt. Die Tücher sind allesamt Unikate, da Stoffe und Farben keinen Tag wirklich gleich sind. Der absolute Klassiker ist das »Ausseer Tuch«, in Grün, Lila und Rosa gehalten, also dem Dirndl perfekt angeglichen.

Das Geschäft ist das ganze Jahr über geöffnet, denn abseits der Touristenströme sollen Stammkunden jederzeit ihre Tücher ordern können. Da die Farben von Hand gemischt werden, kann auf jeden Abnehmer eingegangen werden und die Stücke bekommen einen individuellen Touch.

Natürlich bleibt die Zeit nicht stehen, der Modegeschmack und die Accessoires ändern sich. Alle 20 Jahre vollendet sich so ein Zyklus, Trachtenproduzenten kreieren neue Modelle, und aktuelle Trends entstehen. Die Familie Wach ist ein Teil dieses Kreislaufs, und so hat Vater Sepp die Geschäfte in die Hände seines Sohnes Peter gelegt. Durch dessen technisches Know-how als Maschinenbauingenieur wird die Produktion zwar modernisiert, bleibt aber der Tradition treu. Der Kurs stimmt garantiert, denn jeder Käufer, der über ein Wach-Tuch streicht, weiß – Prinz Charles tut's ebenso.

Adresse Bahnhofstraße 108, 8990 Bad Aussee, Tel. +43 (0)3622/52114, office@handdrucke-seppwach.at | Öffnungszeiten Mo–Fr 8–12 und 14–18 Uhr, Sa 8–12 Uhr | Anfahrt von der B 145 ins Zentrum von Bad Aussee fahren und in die Bahnhofstraße einbiegen | Tipp Sollten Sie nach einem Einkaufsbummel Lust auf Süßes verspüren, beim Lebkuchenmacher Rubenbauer in der Pötschenstraße in Bad Aussee gibt es vorzüglichen Lebkuchen.

15 Das Volksmusikmuseum

Die Welt der Trommelweiber und des Almschreis

Das Gebäude allein ist einen Besuch wert: Ein behutsam renovierter Profanbau aus dem 14. Jahrhundert ist Heimstatt des Kammerhofmuseums, in dem alles, was mit der Geschichte des Ausseerlandes zu tun hat, zu sehen ist. Ein besonderes Kleinod befindet sich im zweiten Stock, wo Volksmusik in einem faszinierenden Facettenreichtum präsentiert wird: Den Besucher erwartet neben dem visuellen ein akustischer Hochgenuss, denn dank Klanginstallationen haben auch die Ohren etwas vom Ausseer Sound.

Der Fasching im Salzkammergut blickt auf eine große Tradition zurück, in der »fünften Jahreszeit« treiben sich seltsame Gestalten in den Gassen herum: Die sogenannten Trommelweiber, als Frauen verkleidete Männer, und die Flinserln sind reich geschmückte Faschingsfiguren. Sie sind schön anzusehen und machen einen Höllenlärm – per Knopfdruck im Museum zu hören. Auf einer Video Wall zeigen drei Profis mit Lederhose, Steirerhut und Gamsbart, wie man zu Volksliedern richtig »pascht« – damit ist rhythmisches Klatschen gemeint, die Hände ersetzen das Orchester, und jeder Besucher kann mitmachen. Aber Achtung, sollten Sie kein Taktgefühl haben, erklären Ihnen die Pascher ohne Pardon, was Sie falsch gemacht haben.

Auf der Alm gab es keine Mobiltelefone, trotzdem mussten sich die Viehhirten und Sennerinnen mündlich auch über größere Entfernungen verständigen können. – Die Technik des »Almschreis« wurde musikalisch verfeinert, und bald eroberten die ersten Jodler Berge und Täler der Alpen. Volksmusik ist rau und hat einen archaischen Charakter. Im Kammerhofmuseum kann man sehen und hören, dass sie rein gar nichts zu tun hat mit Playback und den Plastikkulissen in Fernsehshows. Sie kommt direkt aus dem Herzen und dem Bauch der Menschen, als wunderbares Beispiel für das Talent, durch Musik Freude und Lust ins Leben zu tragen – probieren Sie den Almschrei!

Adresse Ausseer Kammerhofmuseum, Chlumeckyplatz 1, 8990 Bad Aussee, Tel. +43 (0)676/83622520, kammerhofmuseum@badaussee.at | **Öffnungszeiten** Mai und Okt. Di und Sa 16–18 Uhr; Fr, So und Feiertag 10–12 Uhr; Juni–Sept. täglich 10–12 Uhr und 15–18 Uhr | **Anfahrt** B 145 nach Bad Aussee, im Zentrum zu Fuß über den Kurhausplatz, dann circa 300 Meter zum Chlumeckyplatz gehen | **Tipp** Im Gebäude wurde der Kaisersaal frisch renoviert – Wandmalerei vom Allerfeinsten!

16 Die Chorinsky-Klause

Niagarafälle en miniature

Um den einst enormen Holzbedarf zur Salzverarbeitung zu decken, ersannen Holzknechte im Salzkammergut schon im 16. Jahrhundert eine recht brachiale Methode zum Abtransport der Baumstämme aus schwer zugänglichen Seitentälern: Sie errichteten an Engstellen von Bächen Stauwerke und ließen Wassermassen ihr Werk verrichten. Im Goiserer Weißenbachtal kann man die Anfang des 19. Jahrhunderts errichtete Chorinsky-Klause, eine der letzten ihrer Art, besichtigen.

Über 28 Meter lang spannt sich die aus Kalkstein-Blöcken quer durch das Bett des Weißenbachs gebaute Klause. Im Normalfall fließt das Wasser über zwei seitliche Abflusskanäle und das zentrale »Schlagtor« ab. Wenn anno dazumal eine Holztrift anstand, schlossen die Holzknechte die Löcher in der Staumauer mit Holz und dichteten die Fugen mit Werg ab. Mehrere Tage lang sammelte sich dann das Wasser vor der über sechs Meter hohen Mauer. Ein ausgeklügelter Mechanismus sorgte dafür, dass sich das Haupttor mit einem Ruck öffnen ließ. Mit ungeheurer Wucht rasten Tausende Kubikmeter Wasser talabwärts und rissen die im Bachbett deponierten Stämme kilometerweit mit sich, bis sie an der Mündung zur Traun von einem Holzrechen gestoppt wurden.

Mit dem Bau von Forststraßen in entlegenen Seitentälern büßten die Klausen an Bedeutung ein. Die Chorinsky-Klause erlebte eine Renaissance als Touristen-Attraktion, ist heute jedoch nur mehr ein kulturgeschichtliches Denkmal. Warum sie nicht mehr »geschlagen« wird, lässt ein Blick von unten erahnen: Hinter dem Staudamm stürzt das Wasser über eine Geländestufe in die darunterliegende Schlucht und nimmt weiter Fahrt auf. Man kann sich vorstellen, welche Auswirkungen so ein Mini-Niagarafall hat, der durch die Talenge braust. Für die Lebewesen in Bach und Schlucht muss jede Trift, ob echt oder zu Schauzwecken, einem Armageddon gleichgekommen sein.

Adresse Chorinsky-Klause im Goiserer Weißenbachtal, 4822 Bad Goisern, Tel. +43 (0)5 9509510 (Tourismusbüro) | **Öffnungszeiten** Die Klause ist von Frühjahr bis Herbst frei zugänglich (Schneelage beachten). | **Anfahrt** B 145 Richtung Bad Goisern, vom Parkplatz an der Einfahrt zum Weißenbachtal den Schildern zur Chorinsky-Klause folgen (circa 1,5 Stunden Fußweg) | **Tipp** Die einstige Welt der Waldarbeiter vergegenwärtigt das Holzknechtmuseum in Bad Goisern.

17 Der Goiserer Schuhmacher

Halt fürs ganze Leben

Arnold Schwarzenegger trägt mitunter welche an seinen strammen Waden, der Musiker Hubert von Goisern vertraut auf ihre Trittsicherheit ebenso wie auf ihre Bequemlichkeit: Die Rede ist vom »Goiserer«, einem strapazierfähigen Schuh-Unikat aus einer kleinen, nach Leder, Leim und Gummi riechenden Schusterwerkstatt in Bad Goisern.

Die Geschichte der »Goiserer« beginnt 1875. Damals stürzte der Bergführer und Schuhmachermeister Franz Neubacher in eine Doline und ärgerte sich maßlos, weil ihm sein Schuhwerk beim Hinauskraxeln nichts nutzte. Deshalb entwickelte er einen mit Einstech- und Aufdoppelnaht ausgestatteten – zweifach genähten – Lederschuh mit einer griffigen Sohle. Bald fand auch die internationale Klientel Bad Ischls am maßgefertigten »Goiserer« Gefallen, allen voran die Familie des Kaisers.

Von den mehr als 20 Schustereien, die die Goiserer um 1900 quasi im Franchise-System erzeugten, ist eine einzige übrig geblieben. Geleitet wird sie vom jungen Philipp Schwarz. Tradition wird hier großgeschrieben. Die Anfertigung der Leisten, das Zuschneiden des Leders, das Zusammenfügen von Oberleder und Sohle und vor allem die aufwendigen Nähte erfolgen wie eh und je in präziser Handarbeit.

Der Look hat sich dagegen dem Zeitgeschmack angepasst. Als Haferlschuh, auch für Damen, als Stiefel, als trendiger City-Schuh oder für das Golfspiel ist der original Goiserer heute erhältlich. Die Farbe des Leders, der Sohlen oder der Nähte kann sich der Kunde ganz nach eigenen Vorstellungen gestalten lassen. Im Verkaufsraum kann man sich von verschiedenen Designs, Farben, Schnitten und Dekors inspirieren lassen und nebenbei spekulieren, welches Paar Holzleisten, die sich zu Hunderten in den Regalen türmen, vielleicht einmal als Vorlage zu Sisis Schuhwerk gedient haben mag. Dann braucht es Geduld. Neun bis zwölf Monate dauert es, bis das handgefertigte Paar zum Abholen bereitliegt, erzählt der junge Schuhmacher.

Adresse Untere Marktstraße 38 (Schauraum) und Untere Marktstraße 9 (Werkstatt), 4822 Bad Goisern am Hallstättersee, Tel. +43 (0)664/4643234, www.dergoiserer.at | **Öffnungszeiten** Do 8.30–12.30 und 13.30–18.30 Uhr (Werkstatt) und nach Vereinbarung | **Anfahrt** B 145 nach Bad Goisern, rechts abbiegen in die Gärtnerstraße, nach 100 Metern links in die Untere Marktstraße | **Tipp** Von höchster Qualität sind auch die selbst gemachten Lebkuchen, Schokoladen und Torten in der Café-Konditorei Maislinger in der Unteren Marktstraße 4. Als originelles Mitbringsel gibt es den Goiserer Schuh als Schoko-Edition.

18 Das Hand.Werk.Haus

Von Hirschhornbrillen zum Retro-Häusl

Im Hand.Werk.Haus präsentieren Spitzenvertreter der Salzkammergut-Handwerkskunst ihre Erzeugnisse in einer ungewöhnlichen Leistungsschau – und gewinnen dem Begriff Tradition mitunter ganz neue Facetten ab.

Keinesfalls retro, sondern ziemlich kreativ und versponnen präsentiert sich Optiker Manfred Pamminger, der aus Hirschhorn stylishe Brillenfassungen erzeugt. Das Naturmaterial überzeugt durch gute Trageeigenschaften, die Perlung verleiht jedem Sehbehelf eine unverwechselbare Note. Dem Goldschmied Herbert Trucker wiederum dienen die verschnörkelten, kunstvoll geschnitzten Muster von Goiserer Veranden als Vorlagen für Trachtenschmuck, wie das Hand.Werk.Haus in seiner aufwendig gestalteten Dauerausstellung zeigt.

Eyecatcher sind auch die Erzeugnisse von Tischlermeister Johannes Stockinger. Er zimmert »Häusl« – also Toiletten –, die hinter rustikalem Äußeren modernste Sanitärtechnik und zeitgemäßen Komfort verbergen. Zur wurmstichigen Tür mit Herzerl-Guckloch passt ein aus Holz gedrechseltes Waschbecken; die Bedienungsleiste für das Radio ist diskret in einen Balken eingefügt. Zu den Abnehmern der Klos im Retro-Look zählt etwa das Luxushotel Stanglwirt im tirolerischen Going. Auch Metall inspiriert den »Häusl-Macher«, wie er sich nennt. So hat er ausrangierte Baggerschaufeln und Blechblasinstrumente in Urinale umfunktioniert.

Vor Publikum demonstrieren die Handwerks-Künstler aus dem Salzkammergut ihr Können beim Meistersommer von Ende Juli bis September sowie im Meisteradvent. Den Rest des Jahres kann man sich in der Dauerausstellung in den oberen beiden Stockwerken von ihren kreativen Höchstleistungen inspirieren lassen sowie im Erdgeschoss gediegene handwerkliche Produkte erstehen. In einer Spezialführung zum Thema Tracht abseits der Klischees kann man sich Anregungen für eine Einkleidung à la Salzkammergut holen: Vom Lodenschuh über Lederhosen bis zum Hemd – alles maßgemacht!

Adresse Schloss Neuwildenstein, Rudolf von Alt-Weg 6, 4822 Bad Goisern, Tel. +43 (0)6135/50800, www.handwerkhaus.at | Öffnungszeiten Mo–Fr 9–12 und 14–18 Uhr, Sa 9–12 Uhr | Anfahrt B 145 nach Bad Goisern, bei Ausfahrt Zentrum rechts abbiegen zum Rudolf von Alt-Weg | Tipp Goiserer Atmosphäre schnuppern kann man bei den Gamsjagatagen in der zweiten Augusthälfte, die auch mit allerlei kuriosen Wettbewerben wie der Vogelzwitscher-EM sowie der Gamsbart- und der Brunftschrei-Olympiade aufwarten. Der Moserwirt in der Kirchengasse 6 ist ein gutes Traditionsgasthaus (neben Tourismusbüro Bad Goisern).

19 Der Kaisertisch

Die Stille nach dem Schuss

Einen der mystischsten Plätze des Salzkammergutes findet man abseits des Weges auf einer Lichtung im Goiserer Weißenbachtal: einen mächtigen Tisch aus Stein, umgeben von acht Hockern aus demselben Material. Ein Versammlungsort von König Artus und seiner Tafelrunde? Ein Picknick-Platz für Schneewittchen und die sieben Zwerge? Tatsächlich ist das Ensemble ein Relikt aus der k.u.k.-Zeit. Am sogenannten Kaisertisch genoss einst Kaiser Franz Joseph I. nach vollendetem Waidwerk eine Jause und ließ, wie es im Jäger-Jargon heißt, die Strecke auflegen.

Wie viele Habsburger war auch Franz Joseph, der von 1848 bis zu seinem Tod 1916 ein Riesenreich regierte, ein besessener Jäger. Zeit seines Lebens, so wird geschätzt, mussten 55.000 Stück Wild durch Kugeln des Monarchen sterben. Gämsen waren besonders gefährdet, wenn er in den Sommermonaten seine Residenz nach Bad Ischl verlegte. Große Gebiete des Salzkammerguts waren exklusiv als seine Jagdreviere ausgewiesen.

In den Bergen oberhalb des Weißenbachtals ging der Nimrod oft auf Gamspirsch. Mitunter bedeutete das für Jagdgäste und Bedienstete, dass sie um drei Uhr früh aus den Federn mussten. Um sechs Uhr morgens spornte er die Treiber an, ihm das Wild vor die Flinte zu scheuchen, um das »edle Waidwerk« mit einem satten Schuss zu vollenden. Dann ging es zurück an die Staatsgeschäfte.

Heute ist der ovale Kaisertisch fast von der Landkarte verschwunden. Hinweisschilder sucht man vergebens. Ein schmaler Pfad führt von der Chorinsky-Klause zu der Lichtung, wo das Ensemble, umgeben von Buchen und Fichten, auf Besucher zu warten scheint. Moos und Flechten überziehen die Kalkstein-Quader und den Tisch. Tief unten gurgelt der wilde Weißenbach in seiner Schlucht – all das verleiht dem Ort eine Aura wie aus einem Märchen. Einen schöneren Platz, um ein Picknick zu genießen, findet man weit und breit nicht.

Adresse Weißenbachtal, 4822 Bad Goisern | **Öffnungszeiten** von Frühjahr bis Herbst frei zugänglich | **Anfahrt** B 145 nach Bad Goisern, an der Einfahrt zum Weißenbachtal parken und den Schildern zur Chorinsky-Klause folgen, über den Damm gehen und dem Pfad 200 Meter bachabwärts folgen | **Tipp** Nur wenige Minuten bachaufwärts kann man auf der sommers geöffneten Brunntalalm auf eine Jause einkehren. An die exzessive Jagdleidenschaft Franz Josephs erinnern in Bad Ischl das überdimensionale Kaiserjagdstandbild im Ortsteil Kaltenbach und die Trophäensammlung in der Kaiservilla.

20 Das Landlermuseum

250 Jahre Exil am Rande Europas

An die Ära der Protestanten-Vertreibungen erinnert in Bad Goisern das einzigartige Landlermuseum. »Landler« – das sind die Nachkommen jener Protestanten, die im 18. Jahrhundert aus den habsburgischen Erbländern an den Rand der Donaumonarchie nach Siebenbürgen deportiert wurden und dort eine eigenständige Kultur entwickelten.

Vor dem Museum ist der Nachbau einer Zille zu sehen, ähnlich jenen, mit denen zwischen 1734 und 1737 auch 600 Protestanten aus dem Raum Goisern den Gang ins Exil antreten mussten. Nur ihre Kleidung und ein kleines Fass mit persönlichen Dingen durften sie auf die mehrwöchige Reise über Traun und Donau mitnehmen, wie einem Bericht zu entnehmen ist. In drei Dörfern bei Herrmannstadt (Sibiu) fanden die Auswanderer eine neue Heimat. Sie grenzten sich aber ab, auch von den deutschsprachigen Sachsen, die bereits seit Jahrhunderten in Siebenbürgen lebten. So gab es etwa in den Kirchen eine strikte Trennung. Auch in der Kleidung hielt man die Unterschiede hoch, wie ein Vergleich der Trachten zeigt.

Gottesfurcht, Arbeitsfleiß – protestantische Tugenden, die auch in den gestickten Lebensweisheiten zum Ausdruck kommen – bildeten den Kitt für die kleine Gemeinschaft. Vieles, was die Landler benötigten, erzeugten sie selbst. Kunstvoll geschnitzte Truhen, aufwendige Web- und Stickarbeiten, die auf dem »Hohen Bett« in der landlerischen Stube präsentiert wurden, Arbeitsgeräte sowie Zeugnisse der Alltagskultur sind in der Ausstellung zu sehen.

Diese einzigartige bäuerliche Kultur überstand auch den Kommunismus, doch ab 1990 setzte ein massiver Exodus ein. Die meisten Landler zog es nach Deutschland, einige wenige zurück ins Salzkammergut. Einiges, was im ehemaligen Auszugshaus der Goiserer Mühle präsentiert wird, haben Auswanderer dem Museum überlassen. Sie wollen, dass ihre verschwindende Welt für die Nachfahren dokumentiert wird.

Adresse Heimat- und Landlermuseum, Kurparkstraße 10, 4822 Bad Goisern, Tel. +43 (0)6135/6530, www.bad-goisern.net | **Öffnungszeiten** Juni–Ende Sept. Di–So 10–12 Uhr, Mi und Fr auch 15–17 Uhr, Führungen nach Vereinbarung | **Anfahrt** B 145 nach Bad Goisern, den Schildern Museum beziehungsweise Hotel Goiserer Mühle folgen | **Tipp** Wer gut zu Fuß ist, kann mit der Kalmooskirche oberhalb der Goiserer Hütte (drei Stunden Wanderung von Bad Goisern) einen historischen Treffpunkt der Geheimprotestanten erkunden. Weniger anstrengend ist der durch den Ort führende Themenweg »Goiserer Geschichte (n)« (Broschüre Tourismusbüro, Kirchengasse 4).

21 Der Friedhof

Im Tod sind manche gleicher

Es war eine illustre Gesellschaft, die sich ab Mitte des 19. Jahrhunderts Sommer für Sommer in Ischl einfand. Adelige und Musikschaffende, Schriftsteller und Geschäftsleute, Möchtegerns und Adabeis – alle pilgerten sie ins Salzkammergut, um Kaiser Franz Joseph I., der Macht und den Pfründen nahe zu sein. Manche siedelten sich hier an – und blieben über ihr Lebensende hinaus. Der malerisch gelegene Friedhof im Süden der Stadt ist einer jener Orte, die besonders viel über die bunte Ischler Gesellschaft verraten.

Von Prinzessinnen und Grafen erzählen die halb verwitterten Inschriften auf den Grabsteinen aus Ischler, Adneter und Untersberger Marmor, von Kurdirektoren und »wirklichen« Hofräten ist die Rede. Bis weit ins 20. Jahrhundert legte man Wert darauf, der Nachwelt als Finanzdirektorswitwe oder als Adjunkt der k.u.k.-Staatsbahn in Erinnerung zu bleiben. Auch für Künstler war Bad Ischl ein goldener Boden. Beeindruckend sind die Grabmäler der Operettenkomponisten Franz Lehár und Oscar Straus. Seit 2015 sind die Infos über die hier bestatteten Berühmtheiten auch in einem virtuellen Guide bzw. im Internet abzurufen – eine Fundgrube!

Dezenter präsentieren sich die Begräbnisstätten der schreibenden Zunft. In der Familiengruft bestattet wurde die Schriftstellerin Hilde Spiel (1911–1990), die den Ischler Gottesacker, eine grüne Oase mit Ausblicken auf Wälder und Berge, zu den »schönsten Friedhöfen der Welt« zählte. Auch Leo Perutz fand hier seine letzte Ruhestätte. Zu Lebzeiten hielt er die Öffentlichkeit mit seinen raffinierten, zwischen Thriller und Phantastik angesiedelten, schillernden Büchern wie »Wohin rollst du, Äpfelchen …« und »St. Petri-Schnee« in Atem. Nach Vertreibung und Exil besuchte er ab 1950 wieder sein geliebtes Wien und urlaubte wie früher am Wolfgangsee. 1957 starb er bei einem Aufenthalt im Haus seines Freundes Alexander Lernet-Holenia. Sein Grab ist das einzige, das als jüdisches zu erkennen ist.

Adresse Grazer Straße (gegenüber Nummer 23), 4820 Bad Ischl, https://zurerinnerung.at/friedhof/friedhof-bad-ischl/ | Öffnungszeiten ganzjährig; Friedhofsführungen unter dem Titel »Steinlesungen« bietet Herr Ludwig Breidt vom Ischler Heimatverein an (Tel. +43 (0)650/4700933). | Anfahrt B 145 an Bad Ischl vorbei Richtung Süden, in die Grazer Straße einbiegen, Parkplätze beim Landeskrankenhaus | Tipp Etwas unterhalb des Friedhofs beginnt ein Wanderweg auf den Siriuskogl mit beeindruckendem Aussichtsturm, schönen Panoramen und einem Streichelzoo (www.siriuskogl.at).

22 Die Gedenktafel für Fritz Löhner-Beda

Eine etwas andere Operettengeschichte

Das sommerliche Bad Ischl galt bis in die Zwischenkriegszeit als ein Mekka der Wiener Operette. Der Ausspruch von Operetten-König Franz Lehár, dass ihm in Ischl immer die besten Einfälle kämen, wird bis heute gerne bemüht. Andere Episoden sind dagegen wenig bekannt – wie etwa jene vom Schicksal des Fritz Löhner-Beda. Erst seit 2012 erinnert eine schlichte Gedenktafel an der Fassade der Villa Felicitas (bekannt auch als Villa Schratt) an den genialen österreichisch-jüdischen Texter, der Lehár die Libretti zu »Friederike«, »Das Land des Lächelns« oder »Giuditta« lieferte und dem Tenor Richard Tauber Schmachtarien wie »Dein ist mein ganzes Herz« auf den Leib schneiderte.

Um 1930 bildeten die drei ein Erfolgsgespann der Operette. Während Lehár in seiner Villa an der Traun Hof hielt, war Löhner-Beda sommers in der Villa Felicitas kreativ. Tagelang feilte man in den einst von der Gefährtin des Kaisers, Katharina Schratt, bewohnten Räumen an Texten. Und oft glühten frühmorgens die Telefondrähte, weil der nachtaktive Lehár einen Geistesblitz gehabt hatte.

Kaum war Österreich 1938 Nazi-Deutschland einverleibt, wurde Löhner-Beda verschleppt. Im KZ schrieb er die Zeilen zum »Buchenwaldlied«. Ende 1942 wurde Löhner-Beda in Auschwitz im Alter von 59 Jahren erschlagen, wenige Monate nach der Ermordung seiner Frau und seiner beiden Töchter. Lehárs Fürsprache, auf die er bis zuletzt gehofft hatte, war nie gekommen. Die Erinnerung an Löhner-Beda wurde ausgelöscht. Jahrzehnte später verhalf der Entertainer Max Raabe Löhner-Songs von »Oh Donna Clara« bis »In der Bar zum Krokodil« zu neuer Bekanntheit. Und die Öffentlichkeit begann erstaunt zur Kenntnis zu nehmen, dass viele witzige Klassiker der Goldenen 1920er Jahre aus Löhner-Bedas Feder stammen!

Adresse Villa Schratt, Steinbruch 43, 4820 Tel. +43 6132 27757 (Tourismusverband) | Öffnungszeiten ganzjährig zugänglich | Anfahrt B 145, in Bad Ischl auf B 158 wechseln, das Ziel befindet sich circa 500 Meter nach der Ischl-Brücke zur rechten Hand (Schild beachten) | Tipp Die Operettenvergangenheit Bad Ischls dokumentiert die Lehár-Villa am Lehárkai 8 (Tel. +43 (0)6132/26992, www.stadtmuseum.at). Beim Lehár-Festival im Kongress- und Theaterhaus von Bad Ischl kommen im Sommer Klassiker des Operettengenres zur Aufführung (www.leharfestival.at).

23 Die Ortschaft Lauffen

Wo das Weiße Rössl gesattelt wurde

Die operettenaffine Welt kennt das Hotel »Zum Weißen Rössl« am Wolfgangsee als Ort, an dem sich zu beschwingten Melodien allerlei amouröse Verwicklungen entfalten. Nur wenige wissen, dass das originale Rössl nicht in St. Wolfgang zu finden war, sondern im kleinen Ort Lauffen südlich von Bad Ischl – das vom Ruhm des weltberühmten Singspiels kein bisschen profitiert.

Und das kam so: Die Vorlage stammt vom Berliner Lustspielautor Oscar Blumenthal, der von seiner Ischler Sommerfrische-Villa gerne zum Ausflugsgasthof »Zum Weißen Rössl« in Lauffen spazierte. Dort machten gerade zahlreiche Verehrer der verwitweten, als resch und fesch beschriebenen Wirtin den Hof. Blumenthal – so die Legende – erkannte darin den Stoff für einen alpinen Schwank. Im Jahr 1897 kam das Lustspiel »Im weißen Rössl« in Berlin auf die Bühne.

Gut 30 Jahre später funktionierte Ralph Benatzky den Stoff in eine Revue-Operette um, verlegte die Handlung allerdings nach St. Wolfgang – wo es zufällig ein Hotel »Zum Weißen Ross« gab. Als Singspiel wurde das Rössl zum Mega-Erfolg. Die geschäftstüchtige Rössl-Wirtin von St. Wolfgang schaffte es, ihr Haus als das Original erscheinen zu lassen und einen kontinuierlichen Touristenstrom in Gang zu bringen, der bis heute anhält. Den Ruhm mehrte das Kino. Die berühmteste Verfilmung ist jene aus dem Jahr 1960 mit Peter Alexander in der Rolle des verliebten Kellners Leopold. Die jüngste stammt von 2012.

Mit Lauffen ging es dagegen bergab. Das dortige Rössl-Gasthaus fiel der Spitzhacke zum Opfer, und auch sonst bietet der kleine, in einer Talenge der Traun gelegene historische Markt kaum Spektakuläres. Fluss und Hügel zu beiden Seiten lassen wenig Platz zur Prachtentfaltung. Erst seit 2017 erinnert eine Gedenktafel (gegenüber dem historischen Gasthaus Wesn) an das »Original-Rössl«. Wer weiß, vielleicht hebt dadurch der Operetten-Trubel ja wieder etwas an!

Adresse 4820 Bad Ischl-Lauffen | **Anfahrt** an der B 145 südlich von Bad Ischl | **Tipp** Im Freilichtmuseum Anzenaumühle auf dem Weg nach Bad Goisern wird in der »Schwarzen Kuchl« das Anzenaumühlnerbrot gebacken, Konzerte und Kulturveranstaltungen ergänzen das Programm (Mitte Mai bis Mitte Okt. Mi–Sa, 10–12 und 15–18 Uhr (www.anzenaumuehle.at).

24 Das Photomuseum

Analoge Fotografie reloaded

Einen Film einspannen? Fotos in einer Dunkelkammer selbst entwickeln? Tätigkeiten, denen der Hauch eines Geheimwissens anhaftet, seit Pixel, Smartphone und Internet die Welt der Fotografie revolutioniert haben. Im Ischler Kaiserpark entreißt das Photomuseum die analoge Fotografie dem Vergessen. Aushängeschilder der Sammlung sind Kamera-Raritäten aus den Frühzeiten der Fotokunst. Von der Dutzende Kilogramm schweren Plattenkamera spannt sich der Bogen über die ersten Modelle in Box-Bauweise bis zu zeitlos eleganten Leica-Fotoapparaten der Zwischenkriegszeit.

An einem der Lieblingsplätze von Kaiserin Elisabeth, im Marmorschlössl mit seinen spiegelglatten Parkettböden und edlen Kassettendecken, hat die Sammlung Hans Frank ein repräsentatives Zuhause gefunden. Das entbehrt nicht einer gewissen Pikanterie, war doch Elisabeth alles andere als eine Freundin des neuen Mediums, wie man erfährt. Die Kaiserin, der man Jugendwahn nachsagt, ließ sich nur ganz selten fotografieren und hielt sich ab ihrem 32. Geburtstag von jeder Linse fern. Nur ein einziges Bild existiert von ihr und ihren Kindern – ein klassisches Sujet bereits in den Anfangstagen der Fotografie. Dass Sisis bürgerliche Zeitgenossen entspannter mit der Fotografie umgingen, dokumentiert das im Museum nachgebildete Foto-Atelier. In diesem Rahmen entstanden – vor austauschbaren Kulissen – Familienfotos und Porträts.

Als Sisi 1837 geboren wurde, erblickte gerade das erste fotografische Verfahren, die Daguerreotypie, das Licht der Welt. Als Sisi 1898 einem Attentat zum Opfer fiel, lösten Stereokameras mit ihren »räumlichen« Bildern einen regelrechten Run auf Fotoschauen aus. Und die Kamera war auf ein Kompaktformat für den privaten Knipser geschrumpft.

Manche Fotoapparate fanden bald in Flachmännern, Taschenuhren oder Buchrücken Platz: Die Spionagekamera war geboren.

Adresse Marmorschlössl im Kaiserpark, Jainzen 38, 4820 Bad Ischl, Tel. +43 (0)6132/24422, www.landesmuseum.at/de/standorte/photomuseum-bad-ischl.html | **Öffnungszeiten** April und Okt. 10–16 Uhr, Mai–Sept. 9.30–17 Uhr | **Anfahrt** B 145 nach Bad Ischl, bei Ortseinfahrt im Kreisverkehr 1. Ausfahrt nehmen und Beschilderung zur Kaiservilla folgen, Parkplätze »Kaiservilla« oder »Rechensteg«, das Marmorschlössl liegt mitten im Kaiserpark | **Tipp** Der im englischen Stil angelegte Landschaftsgarten um die Kaiservilla ist eine eigene Erkundung wert. Auf den Spuren Sisis kann man auf den Jainzen wandern und die schöne Aussicht genießen.

25 Die PKS

Volle Wasserkraft voraus!

Staunen ist programmiert, wenn die Pythagoras-Kepler-Schule (PKS) in der Ischler Villa Rothstein ihre Tore öffnet. Trichterförmige Apparaturen mit wirbelnden Wassersäulen ziehen die Blicke auf sich, Skizzen mit Formeln zieren die Wände, darunter steht ein topfförmiger Apparat, der aus einem Science-Fiction-Film stammen könnte. Willkommen in der Welt des Försters Viktor Schauberger, der vor 100 Jahren nach dem Grundsatz »die Natur kapieren und sie kopieren« zu forschen begann.

Schauberger (1885–1958) sah in der Eindrehung des Wassers ein elementares Bauprinzip der Natur und versuchte, die spezifischen Kräfte dieser Wirbelbewegung zu entfesseln. Während seine mäandrierende Holzschwemmanlage an der steirischen Mürz in den 1920er Jahren Beachtung fand und seine Ideen für eine naturgerechte Flussregulierung heute noch aktuell sind, sorgten seine Konzepte zur Erschließung naturnaher Energiequellen aus Wasser und Luft eher für Kopfschütteln.

Um 1940 forschte Schauberger an der »Repulsine«, die als treibstoffloses Antriebsaggregat die Luftfahrt revolutionieren sollte. Das interessierte auch die SS, die deren Potenzial als Nazi-»Wunderwaffe« auslotete. Das einzige erhaltene Modell erinnert an eine Mischung aus Mini-UFO und kupfernem Kugelgrill. Es ging ebenso wenig in Serie wie Schaubergers Prototyp eines Heimkraftwerks, das aussieht wie ein Ofen mit einem Hut aus Röhren.

Der Physiker Walter Schauberger (1914–1994) setzte die Arbeiten seines Vaters vor allem auf dem Gebiet der Wasserveredelung fort und griff auf Ideen von Pythagoras und Johannes Kepler zurück. Von ihm stammt das Design des hyperbolischen Schauberger-Trichters, wie er heute etwa zur Wasserbelebung in Biotopen eingesetzt wird. In Seminaren und an den Tagen der offenen Tür bietet die PKS Einblick in das Schauberger-Universum – allein die Originalmodelle und das Ambiente sind einen Ausflug wert.

Adresse PKS Villa Rothstein, Engleitenstraße 17/Kaltenbach 162, 4820 Bad Ischl, Tel.+43 (0)6132/24814, www.pks.or.at | **Öffnungszeiten** und Tage der offenen Tür in der Regel am 1. So der Monate Mai–Sept. 11–17 Uhr sowie auf Anfrage | **Anfahrt** B 145 an Bad Ischl vorbei, Abfahrt Lauffen, über die Lauffener Brücke und zwei Kilometer nach Norden | **Tipp** Vom Zentrum Bad Ischls führt ein schöner Spazierweg über die Esplanade in das Naherholungsgebiet Kaltenbach und vorbei am Kaiserjagdstandbild zur PKS in der Villa Rothstein.

26 Die Villa Blumenthal

Ein Fertigteil-Schlösschen mit Lust auf Reisen

Ein großes Fragezeichen steht vielen Spaziergängern und Radfahrern ins Gesicht geschrieben, wenn sie auf dem Waldweg von Bad Ischl nach Lauffen plötzlich vor der Blumenthal-Villa stehen. Turm, Schindeldächer und Drachenkopfornamente erinnern an eine norwegische Stabkirche; auf andere wirkt der braun getünchte Holzbau dagegen wie eine überkandidelte Version von Pippi Langstrumpfs Villa Kunterbunt. Dann gibt es noch das ein oder andere indianisch anmutende Ornament zu entdecken. Kaum zu glauben ist jedenfalls, dass dieses Gebäude mit seinen verspielten Erkern, Veranden und Giebeln, wie eine Infotafel erklärt, ein Fertigteilhaus sein soll.

Doch der Reihe nach. Im Jahr 1893 besuchte der Berliner Theaterbesitzer Oscar Blumenthal die Weltausstellung in Chicago und verliebte sich dort in ein extravagantes Gebäude. Er erfuhr, dass das sogenannte Wolgaster Fertigteilhaus ausgerechnet ein Berliner Kindl war und als Attraktion der Expo seinen Weg über den großen Teich gefunden hatte. Kurzentschlossen blätterte Blumenthal 20.000 Dollar auf den Tisch, ließ das aus robuster kanadischer Pechkiefer gefertigte Haus abbauen und für den Versand nach Ischl verpacken. Dort pflegte er nämlich, seine Sommerfrische zu verbringen.

Per Schiff und Bahn fanden die durchnummerierten Einzelteile ihren Weg nach Bad Ischl, wo das »erste transkontinentale Fertigteilhaus der Welt«, wie die Zeitungen schrieben, mitten im Wald, in der Kaltenbachau, wieder Gestalt annahm. Nun durfte es sich auf seinem eigens errichteten Fundament von den Reisestrapazen erholen. Das Rohmaterial hatte den Atlantik dreimal überquert, das Haus bloß zweimal. In der Endphase der k.u.k-Monarchie war die Villa ein sommerlicher Treffpunkt der Bürger Ischls. Nach Jahrzehnten des Niedergangs ließ ein Liebhaber die Villa bis zur Turmspitze restaurieren und verlieh ihr wieder die Eleganz von anno dazumal. Unter den Ischler Villen ist sie immer noch die unbestrittene Königin und übertrifft in Sachen Stil alles, was heutzutage als Fertigteilhaus erhältlich ist.

Adresse Engleitenstraße 19, 4820 Bad Ischl | **Öffnungszeiten** nur von außen zu besichtigen | **Anfahrt** B 145 nach Lauffen, über die Lauffener Brücke und circa 1 Kilometer Richtung Norden fahren | **Tipp** Schöne Ausblicke auf Bad Ischl bietet der Hausberg Katrin, den man per Seilbahn (Kaltenbachstraße 62, www.katrinseilbahn.com) »bezwingen« kann.

27 Das Wirer-Denkmal

Selbst ist der Mann!

Gut sechs Meter hoch, ein Koloss von einem Denkmal. Im Kurpark von Bad Ischl muss man den Kopf ordentlich in den Nacken legen, um die auf einem Marmorsockel ruhende Büste von Franz de Paula Augustin Wirer (1771–1844) genauer zu studieren. »Das dankbare Ischl seinem Wohltäter Dr. Wirer«, heißt es in der Inschrift, dazu findet man die Jahreszahl 1838.

Wirer begründet in den 1820er Jahren in Zusammenarbeit mit dem örtlichen Arzt Dr. Götz die Ischler Solebadkur. Als Arzt am Wiener Hof sorgte er dafür, dass auch Erzherzog Franz Karl und Erzherzogin Sophie von den Heilerfolgen erfuhren. Bei den beiden wollte es mit Nachwuchs nicht klappen – ein großes Problem, denn davon hing auch der Fortbestand der Monarchie ab. Der Erfolg gab Wirer recht: Nach einigen Ischler Kuren erblickte am 18. August 1830 der spätere Kaiser Franz Joseph das Licht der Welt. Er und seine Brüder, im Volksmund die »Salzprinzen« genannt, wurden zu wandelnden Imageträgern für die Ischler Kur bei ausbleibendem Kindersegen.

Der Arzt versäumte nicht, der immer zahlreicher herbeiströmenden, anspruchsvollen Klientel alle Annehmlichkeiten bereitzustellen. Ein Wiener Konditor wurde nach Ischl gelockt, bald machte ein Theater auf, und Wirer hatte schnell überall seine Finger drin. Die Gemeinde wollte ihm den kometenhaften Aufstieg danken, war aber knapp bei Kasse. Wirer, mittlerweile vermögend und zum Ritter von Rettenbach geschlagen, nahm das zum Anlass, sich ein Mitspracherecht zu sichern – und finanzierte sich das Denkmal selbst, das ihn in der Pose eines römischen Denkers zeigt.

Die Größe zeugt von gesundem Selbstbewusstsein, die Reliefs im Sockel künden vom Erfolg seiner Geschäftsidee und Therapie. Eine Frau mit Kleinkind an der Hand ist zu sehen, sie gießt aus einer Schale Wasser – eine Anspielung auf die hiesige Solekur. Am Rand stakst ein Storch durch das Idyll und macht die Botschaft unmissverständlich: Kinderwunsch erfüllt.

Adresse Kurpark, Wirerstraße, 4820 Bad Ischl | **Öffnungszeiten** ganzjährig | **Anfahrt** B 145 nach Bad Ischl, im Kreisverkehr 1. Ausfahrt nehmen und via Kaiser-Franz-Joseph-Straße und Kreuzplatz zum Kurpark (Parkmöglichkeit) | **Tipp** Solebäder und andere Behandlungen rund um das »weiße Gold« finden gestresste Besucher heutzutage im EurothermenResort Bad Ischl in der Voglhuberstraße 10 (9–24 Uhr) vor. Kostenlos und gesund: Wassertreten in der Kneipp-Anlage Maximilianbrunnen in der Maxquellgasse.

28 Der Gasthof Neuwirth

Die Wurzeln des Phoenix

»We are unstoppable…!« Diese Botschaft war der Höhepunkt des Eurovision Song Contests 2014 – aus dem Munde von Tom Neuwirth alias »Conchita Wurst«, die als gottbegnadete Kunstfigur die Herzen von Millionen Zuschauern im Sturm erobert hatte. Langes, wallendes Haar, perfektes Make-up, ein kunstvoll getrimmter Bart und die schmale Silhouette, gewandet in ein prächtiges Abendkleid, wurden über Nacht ihre Markenzeichen. Conchita war widersprüchlich und glamourös zugleich, der Siegertitel »Rise like a Phoenix« hatte viele persönliche Hintergründe: Dieser prachtvolle Vogel jedoch stand nicht aus der Asche auf, sondern verlebte seine frühen Jahre im beschaulichen Salzkammergut und ging beharrlich seinen Weg in der Glitzerwelt des Showbusiness. Dabei vergaß er niemals die eigenen Wurzeln und größten Unterstützer – seine Eltern Helga und Siegfried, die den Gasthof Neuwirth in Bad Mitterndorf führen.

Bodenständigkeit zeichnet das Ehepaar und ihren Gasthof aus, hier bekommt man echte Hausmannskost und der Stammtisch verdient seinen Namen. Der große Rummel hat sich gelegt, und die Beschaulichkeit ist zurückgekehrt, doch an den berühmten Sohn erinnern Gedenktafel und Fan-Ecke. Der wahre Schatz dieses Ortes ist jedoch die Atmosphäre, in der ein junger Mensch mit großen Ambitionen die Unterstützung bekam, um trotz vieler Widerstände eine unglaubliche Karriere hinzulegen – auf seine Eltern konnte sich Tom immer verlassen.

Viele Unken haben Tom nach dem glanzvollen Sieg im Sangeswettbewerb ein baldiges Karriereende prophezeit, doch er straft alle Kritiker Lügen. Wie es seinem wachen Geist entspricht, arbeitet er ständig an der Weiterentwicklung seines künstlerischen Ichs und spielt gekonnt mit allen Facetten seiner Persönlichkeit. Doch eine Konstante bleibt felsenfest erhalten – das behütete Nest in Bad Mitterndorf, aus dem der unglaubliche Höhenflug des Phoenix begann.

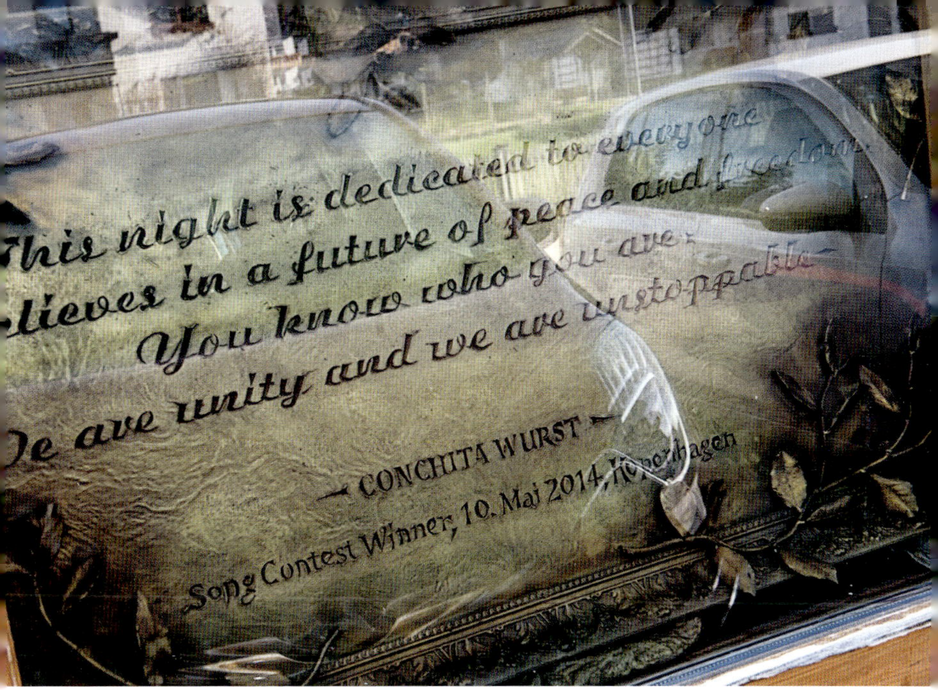

Adresse Zauchen 81, 8983 Bad Mitterndorf, Tel. +43 (0)3623/3652, willkommen@gasthof-neuwirth.at, www.gasthof-neuwirth.at | Öffnungszeiten Do–Mo 11.30–14 und 17–20 Uhr, Mi Ruhetag | Anfahrt auf der A 9 die Ausfahrt Liezen nehmen, B 320 und B 145 bis nach Zauchen folgen | Tipp Am nahe gelegenen Ödensee kann man bei einem Spaziergang Schnitzel und Kuchen in Energie umwandeln und dabei die prächtige Naturkulisse genießen.

29 Der Plötz-Wasserfall

Tropisch das Flair, eiskalt das Nass

Üppig sprießt die Vegetation, die Sonne blinzelt durch das Blätterdach, das Wasser am Fuß des Katarakts sprudelt herrlich klar und lädt zu einem unbeschwerten Bad ein – der Wasserfall im Urwald ist die Mutter aller paradiesischen Destinationen. Am schönsten wäre es natürlich, wenn man ihn ganz für sich hätte. Das ist in der Plötz zwar nicht der Fall, aber man wundert sich, warum dieses Naturjuwel am Tor zum Salzkammergut nicht doch ein Quäntchen Aufmerksamkeit mehr abbekommt.

Die schönste Annäherung führt über den Mühlenwanderweg, der sieben alte Bauernmühlen miteinander verbindet. Start ist bei der Waschlmühle unweit des Ortszentrums. Fünf der Technik-Denkmäler, die teils noch Ende der 1960er Jahre ihre Arbeit verrichteten, sind in einer Waldschlucht am mittleren Rettenbach aufgefädelt; ihr haben die Ebenauer den Namen Plötz verliehen, und das deutet lautmalerisch schon an, dass noch etwas Besonderes zu erwarten ist. An der Schroffenau-Mühle nimmt das beschauliche Geschehen plötzlich an Fahrt auf. Überfallsartig setzt der Bachlauf zum Sprung an und stürzt über eine Felskante Dutzende Meter in die Tiefe.

Auf seinem Weg fasert das Rinnsal aus und wird zu einem Vorhang, der beinahe sanft in ein Bassin rieselt. An Symmetrie kommen dem Plötz-Wasserfall wenige gleich. Eine breite Schotterbank ist dem Naturbad vorgelagert, links und rechts fassen bemooste und bewaldete Felswände das Wasserjuwel ein, wo, so heißt es, anno dazumal die meisten Ebenauer schwimmen gelernt haben. Das Handtuch ausgebreitet, Holzboote auf die Reise geschickt, eine Staumauer angelegt – junge Abenteurer kommen hier auf ihre Kosten. Und wenn dann noch die Sonne ihre Strahlen in die Waldschlucht schickt, bekommt das Ambiente tatsächlich einen Hauch von Tropen. Nur was die Wassertemperatur betrifft, wird man bald eines Besseren belehrt: Bei 10 bis 14 Grad Celsius ist Gänsehaut garantiert.

Adresse 5323 Ebenau, Tel. +43 (0)6221/8055 (Tourismusverband Ebenau) | **Öffnungszeiten** ganzjährig, bei Schneelage und Glatteis nicht zu empfehlen | **Anfahrt** B 158 bis Hinterschroffenau in Hof bei Salzburg, weiter auf der Wiestal-Landesstraße nach Ebenau, bei Waschlmühle parken, hier startet der Mühlenwanderweg; kürzer ist der Weg vom Plötz-Parkplatz circa 1 Kilometer vor Ebenau | **Tipp** Das Museum (geöffnet Juni–Sept. Di, Do 10–12, Sa 14–17 Uhr und ganzjährig nach Voranmeldung) im Fürstenstöckl (Gemeindeamt) vergegenwärtigt Ebenaus Bedeutung als Zentrum der Metallverarbeitung.

30 Das Europakreuz

Das Herz Europas

Der Feuerkogel als Ski- und Wanderparadies verfügt über eine moderne Seilschwebebahn, die Gäste auf das 1625 Meter hohe Karstplateau bringt. Hier hat man einen phantastischen Panoramablick aufs Salzkammergut. Seit 2006 gibt es eine weitere Attraktion, die näheres Hinschauen lohnt – das Europakreuz.

Damals führte Österreich den Vorsitz der Europäischen Union, und findige Politiker kamen auf die Idee, ein Zeichen der Einigkeit und Verbundenheit Europas zu setzen. Schüler und Schülerinnen der HTL-Wels fertigten aus Metall Würfel, die zu einem Kreuz zusammengefügt wurden. Alle Kuben haben die gleiche Form und Größe, was auf Gleichheit und Einheit der Mitgliedsstaaten hinweist und zugleich die Tragfähigkeit Europas durch jeden einzelnen symbolisiert. In der jeweiligen Landessprache sind die Würfel beschrieben und im Inneren mit einem »Heimatstein« versehen, der von der Eigenheit jedes Landes zeugt – für Deutschland wurde beispielsweise ein Stein aus der Berliner Mauer entnommen.

Kreisrunde Löcher in der Metallhülle wiederum nehmen Bezug auf die Bereitschaft zur Öffnung Europas nach allen Seiten. Österreichs Platz ist in der Mitte, alle weiteren Staaten sind im Uhrzeigersinn angeordnet, von Bedeutung ist die Luftlinie vom Alberfeldkogel bis zur Hauptstadt des Landes. »Heiß umfehdet, wild umstritten, liegst dem Erdteil du inmitten, einem starken Herzen gleich …«

Heute gilt glücklicherweise nur mehr der friedliche Teil der österreichischen Bundeshymne, denn das Friedensprojekt Europa ist auf einem guten Weg. Zur Zeit der Errichtung standen 25 Steine für 25 Mitgliedsstaaten, doch am Fuße des Kreuzes wurden in weiser Voraussicht weitere noch unbeschriftete Würfel verankert. Mittlerweile ist die Union auf 28 Länder angewachsen, und weitere Kandidaten freuen sich auf ein geeintes Europa. Vielleicht wird das Europakreuz bald noch höher in den Himmel ragen!

Adresse Alberfeldkogel, 4802 Ebensee | Öffnungszeiten Feuerkogel-Seilbahn im Sommer täglich von 8.30–17 Uhr | Anfahrt Westautobahn A1, in Regau abfahren, Richtung Gmunden, weiter nach Ebensee zur Feuerkogel-Seilbahn fahren | Tipp Der Alberfeldkogel besticht durch flache Wanderwege – ergo nicht nur für Konditionswunder zugänglich – und hat eine herrliche Flora zu bieten.

31 Der KZ-Gedenkstollen

Das Tor zur Hölle

Das Salzkammergut besticht durch eine wunderbare Landschaft und freundliche, gesellige Menschen – doch dunkle Schatten der Vergangenheit sind nicht wegzuleugnen. In der unseligen Zeit des Nationalsozialismus wurde in Ebensee ein Konzentrationslager errichtet und in unmittelbarer Umgebung durch Häftlinge ein Stollensystem in den Berg getrieben. Es diente als unterirdische Versuchsstation und Produktionsstätte für Raketen, in der zwischen 1943 und 1945 fast 9.000 Häftlinge zu Tode geschunden wurden.

Heute zeugen der ehemalige Lagerfriedhof, das Denkmal »Mit den Augen von Toten schauen«, der Torbogen des ehemaligen KZ-Haupteingangs, der sogenannte Löwengang und der Stollen selbst von Dingen, die sprachlos machen und sich der menschlichen Vorstellungskraft eigentlich entziehen.

Den tiefsten und nachhaltigsten Eindruck erweckt wohl die Stollenanlage: Allein das Labyrinth von Höhlen aus den Felsen zu schlagen, muss ungeheuerliche Entbehrungen gekostet haben. Doch Monat für Monat, Tag für Tag, Stunde um Stunde hier in Todesangst zu buckeln, ohne Hoffnung, gequält von entmenschten Wärtern … dieses Schicksal kann der Besucher hier zumindest im Ansatz erahnen. Je weiter man in den Berg vordringt, umso beklemmender und beengender wird es ums Herz – auf Schautafeln wird die apokalyptische Situation der Häftlinge eindringlich dargestellt. Wieder im Tageslicht ist man glücklich, im Hier und Heute leben zu dürfen.

Der Eingang zur Stätte des Grauens liegt versteckt am Rande einer gleich nach dem Krieg gebauten Siedlung, es ist buchstäblich Gras über die Sache gewachsen. Umso wichtiger ist es, einen Umweg in Kauf zu nehmen und im Stollen Ebensee stilles Gedenken zu üben. Filme oder Bücher über den Irrsinn des braunen Regimes können niemals den gleichen Eindruck erwecken wie diese feuchte, kalte Höhle – der Hauch des Todes ist spürbar.

Adresse Zeitgeschichte Museum & KZ-Gedenkstätte Ebensee, Stollen liegt im Wald, 4802 Ebensee, Tel. +43 (0)6133/560, www.memorial-ebensee.at | **Öffnungszeiten** 1. Mai-Wochenende–Juni Sa und So 10–17 Uhr; Juli–Sept. Di–So 10–17 Uhr | **Anfahrt** Westautobahn A1 Abfahrt Regau, Richtung Gmunden, weiter nach Ebensee fahren und den Schildern folgen, Parkplatz an der Max-Zieger-Straße nutzen (neben Opferfriedhof), Feldweg | **Tipp** Nur vier Kilometer entfernt befindet sich das Zeitgeschichte Museum, Kirchengasse 5, das sich mit der Geschichte des Salzkammerguts zwischen 1918 und 1955 beschäftigt.

32 Die Langbathseen

Erholung wie zu Kaisers Zeiten

Der selige Kaiser Franz Joseph hat Österreich fast 70 Jahre lang regiert – eine schwierige und nervenaufreibende Angelegenheit. Entspannung fand er im Salzkammergut, in der Kaiservilla und, was weniger bekannt ist, im Jagdschloss am Vorderen Langbathsee. Der Jäger und Naturfreund wusste, wo er sich niederließ, denn Panorama, Flora und Fauna sind hier überwältigend.

Den Brunnkogel in Sichtweite, öffnen sich auf zwei Ebenen die beiden Gebirgsseen in einem lang gezogenen Talkessel des Höllengebirges. Das Wasser des vorderen Sees ist klar und frisch, also eine ideale Abkühlung für Wanderer und Mountainbiker, der hintere See bürgt für gleiche Qualität, ist jedoch absolutes Naturschutzgebiet – also Baden verboten!

Paradiesische Zustände herrschen übers ganze Jahr, ein Eldorado der Erholung tut sich täglich auf. Hier kommt jedermann auf seine Kosten: Auf Forstwegen kann man die pittoreske Landschaft durchmessen, es bieten sich Touren rund um die Seen als Tagesausflüge an. Der Vordere Langbathsee verfügt über einige Sandstrände und ist daher ein beliebtes Ziel für Schwimmer und Fischer. Selbst im Winter bieten die Seen ideale Bedingungen zur Freizeitbeschäftigung. Sobald die Oberfläche zugefroren ist, drehen Eisläufer ihre Pirouetten und lassen Eisschützen ihre Stöcke aufeinanderkrachen. Auf einer acht Kilometer langen Naturloipe, die beide Seen verbindet, ziehen Langläufer ihre Spuren, umgeben von glitzerndem Eis und Schnee.

Seine Majestät Franz Joseph gebot über ein Weltreich und hatte das Recht, sich überall in Österreich niederzulassen. Es spricht Bände, dass er für seine ausgedehnten Jagden ein Revier um die Langbathseen auswählte – der Feinspitz konnte hier üppige Wildbestände bejagen und sich im Schatten des Brunnkogels ausruhen. Treten Sie in des Kaisers Fußstapfen und genießen Sie das wunderbare Ambiente der in die Landschaft gegossenen Seen.

Adresse 4802 Ebensee | **Anfahrt** B 145 bis Ebensee, Richtung Langbathseen abbiegen, Parkplatz am Vorderen Langbathsee vorhanden | **Tipp** Die Gassel-Tropfsteinhöhle bei Ebensee ist nur einen Katzensprung entfernt (www.gasselhoehle.at).

33 Der Lederhosenmacher

Die Krachlederne – Gefährtin fürs Leben

In Ebensee hält Säcklermeister Rudolf Daxner eine jahrhundertealte Salzkammergut-Tradition am Leben. In Maß- und Handarbeit fertigt er kunstvolle Lederhosen an, die in der ganzen Welt Abnehmer finden. Prunkstücke sind seine drei-, fünf- oder sieben-nähtigen Erzherzog-Johann-Hosen aus sämisch gegerbtem Hirschleder, die sich wie eine zweite Haut an den Körper schmiegen.

Einst wurden die extrem strapazierfähigen Lederhosen bei der Arbeit getragen. Heute wird die »klassische« knielange Lederhose mit Latz im Salzkammergut bei festlichen Anlässen ebenso ausgeführt wie im Alltag. Die Liebe zur Krachledernen kann Einheimische gleichermaßen erfassen wie den Wiener, der im Salzkammergut seinen Sommerurlaub verbringt. Adelige, Geschäftsleute und Prominente haben sich in der Werkstatt, die Daxner von seinem Lehrmeister Peter Ahamer im Jahr 2012 übernommen hat, eine Hirsch- oder eine Gamslederne auf den Leib schneidern lassen.

Die Ziernähte werden nach Vorlagen, die aus dem 18. Jahrhundert überliefert sind, händisch aufgetragen. Bei verschnörkelten Mustern sitzt Daxner schon mal 100 Arbeitsstunden allein an den Stickereien. Weil sie in dieser Qualität nicht zugekauft werden können, bleibt diese Arbeit letztlich ihm vorbehalten. Deshalb braucht der Kunde viel Sitzfleisch, bevor er die Lederhose fürs Leben in Empfang nehmen kann. Die Wartezeit für eine aufwendige Erzherzog-Johann-Hose beträgt derzeit an die zehn, für die etwas einfacheren Modelle etwa sieben Jahre.

Lederhosen für Frauen und im City-Look gibt es ebenfalls. Weil nicht jeder Lederhosen-Fan so lange warten will oder sich ein handgefertigtes Exemplar auch nicht leisten kann, bietet Daxner in seinem Geschäft auch Konfektions-Lederhosen in qualitativ hochwertiger Ausführung zu günstigeren Preisen an. Und dazu alles, was dazugehört: grüne Stutzen, Wolljanker und viele weitere Accessoires aus dem Trachten-Universum.

Adresse Leder Daxner, Marktgasse 18, 4802 Ebensee, Tel. +43 (0)6133/6693, www.leder-daxner.at | **Öffnungszeiten** Mo, Di, Do, Fr 8–12 Uhr und 15–18 Uhr, Mi 8–12 Uhr | **Anfahrt** B 145 nach Ebensee, nach Ortseinfahrt auf Hauptstraße/L 1297, nach 100 Metern rechts auf Langbathstraße, 1. Brücke links nehmen und in die Marktgasse einbiegen | **Tipp** Auf 30 Stationen vergegenwärtigt ein gut gestalteter Themenweg die industriegeschichtliche Entwicklung Ebensees mit Fokus auf der Salzverarbeitung. Ausgangspunkt ist der Rathausplatz.

34 Der Wildbartbinder

Haarige Kunstwerke von Gams & Co.

Das Bartbinden ist selbst in der Handwerkerhochburg Salzkammergut eine selten ausgeübte Kunst. Am idyllischen Offensee sind Bertl Lahnsteiner und seine Frau Monika – sie zählen zu den renommiertesten Vertretern dieser seit dem 19. Jahrhundert verzeichneten Zunft, tätig und fertigen Bärte aus dem Haar von Gämsen, Hirschen, Wildschweinen oder Dachsen, die bei Jägern als Hutschmuck und bei Mitgliedern von Trachtenvereinen hoch im Kurs stehen. Interessenten können auf Voranmeldung in der kleinen Werkstatt einige prachtvolle Schaustücke in Augenschein nehmen.

Der Titel »König der Wildbärte« gebührt dem Gamsbart. Man erfährt, dass die Rückenhaare erwachsener Gamsböcke, die im Spätherbst oder Winter erlegt worden sind, die schönsten Exemplare verheißen. Die begehrtesten Haare sind jene, die in weißen Spitzen, dem sogenannten »Reif«, auslaufen.

In einen großen Bart von 16 bis 20 Zentimeter Höhe investieren die Lahnsteiners bis zu 100 Stunden Arbeit, ein kleineres Exemplar erfordert gut zehn Stunden Aufwand. Die Haare müssen in Handarbeit ausgesucht und gegebenenfalls gereinigt werden. Bis zu 150 Haare umfasst ein Büschel, 200 Büschel oder mehr werden für ein Prachtstück von einem Gamsbart zusammengebunden. Damit sich die Trophäe zu einer formschönen Halbkugel ausbreitet und richtig schwingt, bedarf es Millimeterarbeit. Die Techniken hierfür hat sich Lahnsteiner, wie er erzählt, selbst angeeignet, nachdem er bei einem Meister seines Fachs eine Stunde lang Anschauungsunterricht genommen hatte.

Auch Saubärte aus dem borstigen Haar eines Wildschweins oder Dachsbärte verlassen die Werkstatt, die die Wildbartbinder betreiben. Den Rohstoff für ihre haarigen Kunstwerke liefern ihnen Jäger, die auch zu den besten Kunden der Lahnsteiners gehören. Man muss aber nicht dem Waidwerk frönen oder Mitglied eines Trachtenvereins sein, um sich mit einem Gamsbart schmücken zu dürfen.

Adresse Bartbinder Bertl Lahnsteiner, Offensee 69, 4802 Ebensee, Tel. +43 (0)6133/8626, www.wildbart.at | Öffnungszeiten auf Anfrage | Anfahrt B 145 nach Ebensee; am Ortsende links einbiegen in L 1296 zum Offensee | Tipp Die Runde um den Offensee bietet wunderschöne Panoramen auf das Tote Gebirge; im Sommer lockt das kühle Nass.

35 Die Strubklamm

Wilde Moritaten

Das Salzburger Land ist gespickt mit Klammen, die einem das Erlebnis Wildwasser auf waghalsigen Stegen wenige Meter über der tosenden Gischt und meist auch noch auf wellentanzenden Rafting-Booten näherbringen. Noch etwas wilder gebärdet sich die Strubklamm zwischen Faistenau und Ebenau. Wie eine Wunde im Bauch der Erde klafft der Riss, den der Almbach durch das Kalkgestein gefräst hat. Der Grund der Schlucht ist weglos, aber allein das Naturspektakel aus sicherer Distanz zu betrachten, beschert Schwindelgefühle.

Im Norden klammert sich ein Asphaltband an den oberen Rand der Klamm. Stellenweise 100 Meter geht der Blick hinab auf den extrem engen Grund des drei Kilometer langen Canyons. Büsche klammern sich in Felsritzen, Föhren ragen über den Abgrund hinaus. Die mit Ausweichbuchten versehene Straße lässt stellenweise nur Einbahnverkehr zu. Eine alte Votivtafel erinnert daran, dass die Klamm ein unfallträchtiger Ort ist. Sie zeigt einen Forstarbeiter, den eine wildgewordene Ladung von Holzstämmen in die Tiefe reißt.

Eine schaurige Moritat stimmt Wanderer auf den exponierten Metzgersteig ein, der die Klamm im Süden begleitet und in alter Zeit von Pilgern und als Viehtriebweg genutzt wurde. Der Legende nach versuchte im Jahr 1673 ein Metzger seine schwangere Geliebte durch einen Stoß in die Tiefe loszuwerden. Sich an einem Strauch festklammernd, flehte sie um ihr Leben – umsonst. Als er die Wallfahrtskirche zum heiligen. Wolfgang erreichte, erschien dem Mordbuben hinter dem Altar das Bild der Toten. Er brach zusammen, gestand und flehte um Strafe.

Heute schreiben die Canyoning-Abenteurer die spannendsten Kapitel der Klamm. Sprünge in Pools mit kristallklarem Wasser und Abseilpassagen sind dabei. Einziger Ortsansässiger der Canyoning-Guides ist Max Obermayr. Wenn er seine Neoprenanzüge und Karabiner auspackt, merkt man, in dieser Gegend haben Warmduscher nichts verloren.

Adresse zwischen 5324 Faistenau und 5323 Ebenau, Tel. +43 (0)6226/8384-41 (Tourismusverband Faistenau) | **Öffnungszeiten** Die Straße ist ganzjährig befahrbar, der Metzgersteig nur bei Schneefreiheit zu begehen. | **Anfahrt** von Adnet oder Ebenau auf die Wiestal-Landesstraße, bei Hinterebenau den Schildern Strubklamm / Faistenau folgen, nach dem Werkschulheim Felbertal beginnt der spektakulärste Teil der Strubklamm; Metzgersteig-Wanderung: Parken beim »Seewirt«, www.seewirt-faistenau.at, von hier aus ausgeschildert | **Tipp** Gehen Sie mit Max Obermayr auf Canyoning-Tour, www.canyoning-salzkammergut.at.

36 Die Totenbretter

Gedenken im Vorübergehen

Dichte Wälder, verstreute Gehöfte und kurvenreiche Straßen: Der Landstrich südlich des Fuschlsees mit den Gemeinden Faistenau und Hintersee zählt zu den abgeschiedenen Regionen des Salzburger Landes. Hier haben sich alte Bräuche behauptet, wie etwa das Ritual, der Verstorbenen mit Totenbrettern zu gedenken. Einige dieser selten gewordenen Erinnerungsmale findet man an der Kreuzfichte im Faistenauer Ortsteil Lidaun.

Totenbretter dienten einst primär der Aufbahrung der Verstorbenen und dem Transport zum Friedhof, mitunter wurden sie dem Toten auch mit ins Grab gegeben. Als die Beisetzung in Särgen üblich wurde, entwickelte sich dann der Brauch, die Aufbahrungsbretter mit einer Inschrift zu versehen und sie als Erinnerungsmale im Freien aufzustellen.

Mancherorts, wie in Bayern, ließen die Angehörigen die Totenbretter mit Gedichten und Ornamenten schmücken, in Faistenau setzte sich eine schlichte Variante durch. Die Totenbretter an der Kreuzfichte sind mit den Initialen der Verstorbenen und dem Todesjahr versehen, drei Kreuze sind in das Holz gekerbt, ein Kruzifix bildet den Abschluss. Ihren Platz fanden sie an einer Kreuzung, von wo aus die Toten der Gegend vor dem Ausbau der Straße mit einem Schlitten oder Wagen abgeholt wurden. Bis 1956 standen Aufbahrungsbretter im alten Sinn in Verwendung, heißt es erläuternd auf einer Tafel.

Das älteste der Flurdenkmäler trägt, kaum mehr leserlich, die Jahreszahl 1929, während das jüngste im Jahr 2000 an den Baum genagelt wurde. Die Totenbretter jüngeren Datums sind robuster ausgeführt – sie dienen nur dem Andenken. Wer an der Kreuzfichte vorbeikommt, etwa auf einer Wanderung zum Lidaun-Gipfel, dem fallen die Erinnerungsmale ins Auge. Welcher Verstorbenen gedacht wird, erschließt sich aber wohl nur den Menschen der Nachbarschaft. Einige hundert Meter entfernt befindet sich ein weiterer Baum mit Totenbrettern.

Adresse Kreuzfichte, Lidaunstraße, 5324 Faistenau-Lidaun, Tel. +43 (0) 6226 838441 (Tourismusbüro Faistenau) | Öffnungszeiten frei zugänglich | Anfahrt B 158 nach Hof bei Salzburg, im Kreisverkehr Baderluck auf L 202 nach Süden, direkt bei Zufahrtsstraße in den Ort Faistenau scharf rechts in die Lidaunstraße, das Ziel befindet sich linker Hand an einer Weggabelung (Infotafel »Glücksplatz Kreuzfichte«) | Tipp Vom Zentrum Faistenaus und vorbei an der Kreuzfichte führt der mit Schautafeln versehene »Bärenweg« hinauf auf den 1.237 Meter hohen Lidaun. Der Hintersee zehn Kilometer südlich von Faistenau gilt als Geheimtipp für Badefreunde.

37 Die Gmundner Traun

Frische Fische fischt der Fischer mit der Fliege

Nicht nur Wanderer und Kajak-Fahrer haben ihre helle Freude an der Traun, sondern auch die Anhänger eines Sports, der als Inbegriff der Angelkunst gilt: die Fliegenfischer. Als berühmtestes Revier entlang des Salzkammergut-Flusses gilt die Gmunder Traun. Seit im 19. Jahrhundert der englische Fliegenfischer-Guru (und bekannte Chemiker) Humphry Davy ihren enormen Fischreichtum pries, zieht sie Petrijünger aus aller Welt an.

Auf dem etwa 14 Kilometer langen Abschnitt zwischen dem Kraftwerk Gmunden im Theresienthal (etwa 1,5 Kilometer unterhalb des Traunsee-Nordendes) und dem Traunfall bei Viecht wechseln träge fließende Strecken und schneller fließende Passagen einander ab. In den grün schillernden Becken, tiefen Gumpen und Staubereichen von Wehren finden Äschen und Regenbogenforellen ideale Lebensräume vor – und werden von Jägern zu Gejagten.

Den Fliegenfischern kann man von den Uferwegen aus bei der Ausübung ihrer Kunst zusehen. Es hat beinahe meditativen Charakter, wie sie mit eleganten Schwüngen ihrer Angelruten den Köder zentimetergenau über einer aussichtsreichen Stelle platzieren.

Und wer schnappt nach der Fliege? Der Bestand an Äschen, die einst der Leitfisch an der Gmundner Traun waren, ist zwar zurückgegangen, aber noch immer ist die Gmundner Traun ein erstklassiges Salmoniden-Gewässer, auch kapitale Hechte können hier an den Haken gehen. Heute bemüht sich der Verein Freunde der Gmundner Traun, den Flussabschnitt nachhaltig zu bewirtschaften und den Ruf als weltweit erstklassiges Fliegenfischgewässer zu wahren, der sich in der Zwischenkriegszeit etabliert hat. Damals entwickelte der als Revieraufseher tätige Hans Gebetsroither an der Traun eine eigene Wurftechnik, den »Gebetsroither-Stil«, international als »Österreichischer Stil« bekannt. Wer sich im ABC des Fliegenfischens unterweisen lassen will, findet unter seinen Schülern die richtigen Lehrer.

Adresse Vom Kraftwerk Gmunden / Theresienthal bis Traunfall Viecht, 4810 Gmunden, www.freundedergmundnertraun.at | Öffnungszeiten Fischereisaison April – Ende Nov. | Anfahrt A 1 Abfahrt 216-Laakirchen-West, B 144 in Richtung Gmunden, nach 9 Kilometern rechts in Hackpointerweg abbiegen und zum ehemaligen Waldhotel Marienbrücke (An der Marienbrücke 5) fahren (Ausgangspunkt Wanderung) | Tipp Die Kunst des »Fische-Verführens« mittels Fliege und Nymphe erlernen kann man bei Roman Moser (Termine unter www.romanmoser.com). Im Gasthof Grünberg, Traunsteinstraße 109 (www.gruenberg.at) kann man sich kulinarisch mit dem Thema auseinandersetzen.

38 Das Klo & So Museum

Von kaiserlichen Reisetoiletten und anderen Kuriosa

»Heimliches Gemach«, »Retirade«, »Kommodite« und ähnliche Umschreibungen sind ein Hinweis darauf, dass die Geschichte des Klosetts in unserem Raum mit allerlei Tabus belegt ist. Umso vergnüglicher ist es, ihr im Klo & So Sanitärmuseum auf den Grund zu gehen. Mit über 200 einzigartigen Objekten dokumentiert die weltweit größte derartige Schau die Entwicklungsgeschichte von Klo und Bad seit dem 18. Jahrhundert.

Erste Lektion: Getarnte Zimmerklos waren einst in gehobenen Kreisen groß in Mode. Wer mal »musste«, klappte etwa den obersten Folianten einer Bücherstapel-Attrappe oder das Polster eines Korbstuhls hoch. Der den Blicken entzogene Nachttopf wurde von Bediensteten entleert. Später kamen Zimmerklo-Modelle mit Geruchsverschluss auf. Dass man auch unterwegs oder an abgelegenen Orten nicht auf Komfort verzichtete, zeigen Reiseklos wie das mit einem Rosshaar-gepolsterten Ledersitz versehene »Kaiserklo« aus dem Jahr 1836, das in einer Jagdhütte von Kaiser Franz Joseph I. stand.

Als sich ab etwa 1880 das gestiegene Hygienebewusstsein in der Entwicklung von Keramik-Wasserklosetts niederschlug, brach die Stunde des Designs an. Mit aufwendigen Dekors wurde versucht, dem WC ästhetisch so viel wie möglich abzugewinnen. Da zwitschern Vögel von den Klomuscheln, da umranken Pflanzen-Ornamente die Waschschüsseln, einige »Häusl« waren sogar handbemalt.

Den Grundstein für die Sammlung legte der Keramikdesigner und einstige Direktor des Keramikherstellers Laufen Fritz Lischka, der 1966 in einem Haufen Bauschutt in Gmunden ein altes WC mit blau dekoriertem Relief fand und, neugierig geworden, dessen Herkunft eruierte. Ungezählte Toiletten, Bidets, Leibschüsseln, Urinflaschen (auch für Frauen), Urinale sowie weitere Sanitärobjekte trug er zusammen, dazu kommen Kuriosa wie ein Tiefspül-WC mit Unterdusche und Warmluftgebläse aus dem Besitz Herbert von Karajans.

Adresse Im K-Hof Kammerhof Museen Gmunden, Kammerhofgasse 8, 4810 Gmunden, Tel. +43 (0)7612/794423, www.k-hof.at | Öffnungszeiten Mi–Fr 13–17 Uhr, Sa, So und Feiertage 10–17 Uhr | Anfahrt B 144 nach Gmunden, im Kreisverkehr am Seeufer 1. Ausfahrt nehmen, das Ziel befindet sich kurz hinter der Traunbrücke | Tipp Auf einem Balkon des Rathauses ist das Glockenspiel zu bewundern, das sich im typischen »grün-geflammten« Dekor präsentiert, allerdings aus Meissener Porzellan besteht. Die 24 Glocken treten im Sommer um 10, 12, 13, 14, 15, 16, 17 und 19 Uhr in Aktion, den Rest des Jahres seltener.

39 Der Pferdeeisenbahn-Wanderweg

Vom ältesten Bahnhof Kontinentaleuropas

Die Vorläufer des Dampfrosses waren echte Rösser, wie die in den 1830er Jahren eröffnete Pferdeeisenbahn zwischen Gmunden und Budweis unter Beweis stellt. Mit 200 Kilometer Länge gilt diese Verbindung als erste Langstreckeneisenbahn auf dem europäischen Festland – nur die Briten waren weiter. Heute kann man auf einem Themenwanderweg den Spuren dieses ungewöhnlichen Verkehrsmittels folgen.

Die Suche nach einer günstigen Beförderungsmöglichkeit für das »weiße Gold« aus dem Salzkammergut führte zur Entwicklung der Pferdeeisenbahn. 1832 wurde die Trasse zwischen Linz und Budweis fertiggestellt. Ab 1836 rollten dann die Salzwaggons vom Nordende des Traunsees bis zu den Absatzmärkten in Böhmen. Am Gmundner Rathausplatz kam das Salz vom Schiff auf die Schiene, dann legten sich die Noriker-Zugpferde tüchtig ins Zeug. 40 Kilometer betrug ihr Tagespensum. Schon ab 1836 beförderte die Pferdeeisenbahn auch Passagiere, wobei diese zwischen Außen- und Innensitzen erster, zweiter und dritter Klasse wählen konnten. »Kein Rumpeln, kein Stoßen – man gleitet dahin wie im Himmel«, hielt ein früher Benutzer seine Eindrücke fest. Sechseinhalb Stunden betrug die reine Fahrzeit ins 68 Kilometer entfernte Linz, wie man auf den Schautafeln entlang des Themenweges erfährt.

Von der ehemaligen »bürgerlichen Salzaufschütt« am Rathaus führt die Route vorbei am einstigen Personenbahnhof Annastraße zum denkmalgeschützten Bahnhof Engelhof, wo einst mehr als 50 Zugpferde untergebracht waren. Die Ära der Pferdeeisenbahn endete 1872, als auf dem letzten Streckenabschnitt die Pferde von der Dampflok abgelöst wurden. Heute bemüht sich ein Verein, am leer stehenden Bahnhof Engelhof – dem ältesten Bahnhof Kontinentaleuropas – ein Museum einzurichten und so den Themenweg würdig abzurunden.

Adresse Ausgangspunkt Rathausplatz, 4810 Gmunden; der mit Schautafeln (1. am Rathaus) versehene Themenweg (2 Kilometer, 1 Stunde) verläuft über die Traunbrücke in Richtung Annastraße bis zum Bahnhof Engelhof | **Öffnungszeiten** ganzjährig, außer bei Schneelage | **Anfahrt** B 144 nach Gmunden, im Kreisverkehr am Seeufer 1. Ausfahrt (B 120) nehmen, der Ausgangspunkt befindet sich kurz hinter der Traunbrücke | **Tipp** Eine Karte mit dem genauen Wegverlauf gibt es bei der Tourismusinformation im Rathaus. Im Gasthof Engelhof kann man den Spaziergang gemütlich ausklingen lassen. Führungen für Gruppen bietet nach Voranmeldung Herr Reingruber an (Tel. +43 (0)664/1514597).

40 Das Rathauscafé Brandl

Ein schwerer Fall von Kaffeehausaufsuchkrankheit

Die österreichische Literatur wäre ohne Input aus dem Kaffeehaus kaum denkbar. Viele Schriftsteller haben das Ambiente des klassischen Cafés zur Inspiration, zur Produktion und zur Repräsentation genutzt. Der große Thomas Bernhard prägte einmal den Begriff der »Kaffeehausaufsuchkrankheit«, die ihn als schlimmste all seiner Krankheiten plagte. Was dem 1989 verstorbenen Autor in Wien etwa das Café Bräunerhof war, war ihm in Gmunden, wo er lange Zeit lebte, das Rathauscafé Brandl.

Die Zeitungen, die Thomas Bernhard so schätzte und die anno dazumal nicht überall in der Provinz zu haben waren – im Brandl lagen sie alle auf: die Neue Zürcher Zeitung, die Süddeutsche Zeitung … So verwundert es nicht, dass sich einige der Anekdoten, in denen der Schriftsteller weiterlebt, um sein Leseverhalten drehen. So soll er, kaum dass das Kaffeehaus aufgesperrt hatte, gleich einen ganzen Stapel Zeitungen in Beschlag genommen haben, um stundenlang bei einem kleinen Braunen in seiner Nische abzutauchen. Ein Stammgast erinnert sich, wie Bernhard die großformatigen Seiten besonders dynamisch umblätterte. An diesem »Raschel-Effekt« habe man seine Anwesenheit bemerkt.

Viele Jahre sind ins Land gezogen, einen Besitzerwechsel hat das Café erlebt. Das Interieur ist dem Zeitgeschmack angepasst, eine schicke Bar ist dazugekommen, Karaoke- und Disco-Abende runden das klassische Kaffeehausangebot ab. Was sich nicht geändert hat, ist der Eindruck, dass man mit einer Melange oder einem kleinen Braunen auch das Recht erwirbt, plaudernd, beobachtend und sinnierend halbe Tage in dieser Oase verbringen zu dürfen, mit Stimmengewirr und Gläserklirren als Begleitgeräuschen. Durch die Panoramafenster schweift der Blick auf den Rathausplatz und den See. Ein idealer Platz, um dem Getriebe der Welt für einige Zeit zu entfliehen oder aber sie im Auge zu behalten – wenn man Wert darauf legt.

Adresse Rathausplatz 1, 4810 Gmunden, Tel. +43 (0)7612/64185 | **Öffnungszeiten** täglich 9–24 Uhr (Do–Sa länger) | **Anfahrt** B 144 nach Gmunden, im Kreisverkehr am Seeufer 1. Ausfahrt (B 120) nehmen, das Ziel befindet sich kurz hinter der Traunbrücke | **Tipp** Leben und Werk des Schriftstellers thematisiert das Bernhard-Haus acht Kilometer nördlich von Gmunden (Obernathal 2, 4694 Ohlsdorf, Tel. +43 (0)7612/47013, www.thomasbernhard.at).

41 Der Schaufelraddampfer

Gisela – nimmermüdes Denkmal der Technik

Es war ein alljährliches Ritual, bei dem das halbe Salzkammergut Spalier stand: Kaiser Franz Joseph und seine Familie traten ihren Sommerurlaub in Bad Ischl an. Bis 1872 führte sie der übliche Weg per Bahn an den Traunsee, dann ging es weiter per Schiff nach Ebensee, von wo aus man in Kutschen dem Ziel entgegenstrebte. Die Königsetappe kann man heute wie damals auf dem historischen Raddampfer »Gisela« nachvollziehen.

In einer Wiener Werft nahm das 52 Meter lange Schiff im Jahr 1871 Gestalt an. Die Bitte, das Verkehrsmittel nach Erzherzogin Gisela, dem zweiten Kind des kaiserlichen Paares, benennen zu dürfen, wurde bei Hof gewährt. Die Indienststellung erfolgte 1872. Und während die allermeisten Schiffe der Ära längst verschrottet worden sind, ist die »Gisela« auch nach 140 Jahren noch im Einsatz. Allerdings pflügt sie nicht mehr so regelmäßig wie einst durch die Wellen, schließlich ist sie das erste schwimmende Objekt überhaupt, dem man den Status eines technischen Denkmals angedeihen ließ. Aber im Juli und August, wenn ihr die Sonne auf den schlanken Leib scheint, darf sie an Sonntagen auf ihrer alten Stammstrecke Fahrtwind schnuppern.

Von Deck aus hat man einen Blick in den Maschinenraum, wo die oszillierende Verbunddampfmaschine, ein technisches Fossil aus dem Jahr 1870 mit frei schwingenden Kolben und Zylindern, ihre Arbeit verrichtet. Die seitlichen Schaufelräder, die die »Gisela« mit 20 km/h durch die Fluten bewegen, erinnern die einen an Mississippi-Dampfer, andere an die Ruder einer Ente. Die Patina des Maschinentelegrafs und die holzvertäfelten Wände unter Deck verbreiten eine einzigartige Atmosphäre. Heckseitig lag einst die den allerhöchsten Passagieren vorbehaltene Kaiserkabine.

Die meiste Zeit über liegt die »große alte Dame« der Traunseeschifffahrt am Gmundner Rathausplatz vor Anker und präsentiert sich von ihrer nostalgischen Seite.

Adresse Schiffsanlegestelle Rathausplatz, 4810 Gmunden, Tel. +43 (0)7612/66700, www.traunseeschifffahrt.at | Öffnungszeiten Juli, Aug. So 13.30 und 15.15 Uhr ab Gmunden, Gruppenführungen möglich | Anfahrt B 144 nach Gmunden, im Kreisverkehr am Seeufer 1. Ausfahrt (B 120) nehmen, Rathausplatz und Schiffsanlegestelle befinden sich kurz hinter der Traunbrücke | Tipp Die Linienschiffe erschließen attraktive Wanderziele am Ostufer des Traunsees wie etwa die Kaltenbachwildnis oder den Traunstein. Gmunden von oben betrachten kann man vom Grünberg, der mit einer Seilbahn erschlossen ist.

42 Die Schlösser Ort

Auf den Spuren eines Habsburger Aussteigers

Schlösser, die nach Herrschern oder Dynastien benannt werden, sind keine Seltenheit. Doch eine Persönlichkeit aus höchstem Haus, die sich nach einem Schloss neu benennt – das ist außergewöhnlich. Ereignet hat sich die Geschichte 1889. Damals wurde aus Erzherzog Johann Salvator (1852–1890) aus der Toskana-Linie der Habsburger schlicht und einfach Johann Orth – nach dem Land- und dem Seeschloss in Gmunden, die ihm gehörten. Der Querdenker trat aus der kaiserlichen Familie aus, verzichtete auf alle Privilegien, heiratete seine Gefährtin, die Schauspielerin Milli Stubel, und verließ das Land.

Die wohl auffälligsten Spuren in Gmunden hinterließ er am Landschloss Ort (auch Orth), das unter seiner Regie wieder zu einem repräsentativen Herrensitz erblühte. Der kunstsinnige Erzherzog, der auch komponierte und Gebäude entwarf, ließ Dachstühle erneuern, Zwiebelhelme anbringen und das Schloss mit prächtigen Kunstschmiedearbeiten verschönern. Renommierte Künstler beauftragte er mit der Innenausstattung. Öffentlich zugänglich ist heute nur der Innenhof. Alte Wappenfresken schmücken die Wände, aus Salvators Zeit stammt der Brunnen mit einem Rokoko-Aufsatz.

Eine 123 Meter lange Holzbrücke führt zum bekannten Seeschloss Ort, das mit seinem dreieckigen Innenhof und seinen Bogengängen ein märchenhaftes, fast kitschiges Ambiente bietet. Über 300 Paare im Jahr geben einander im Standesamt von Schloss Ort das Jawort, weitere in der Schlosskapelle.

Ein kleines Museum in den Kerkerräumen zeigt den ehemaligen Schlossherrn auf einigen Fotoreproduktionen. Für Johann Orth gab es kein Happy End. Nur ein Jahr später verschwand das Enfant terrible aus dem Habsburger Haus auf einer Südamerika-Reise spurlos. Wahrscheinlich ging sein Schiff in der Magellanstraße unter. Doch immer wieder wurde auch spekuliert, der Aussteiger habe irgendwo ein neues Leben begonnen.

Adresse Johann-Orth-Allee 16 (Landschloss) und Ort 1 (Seeschloss), 4810 Gmunden, Tel. +43 (0)7612/794280, http://schlossort.gmunden.at | **Öffnungszeiten** Innenhof des Landschlosses: Mo–Fr tagsüber zugänglich, kein Führungsbetrieb; Seeschloss Ort: täglich frei zugänglich | **Anfahrt** B 145 oder B 144 nach Gmunden, Abfahrt Richtung Zentrum und entlang der Esplanade bis zum Parkplatz Schloss Ort | **Tipp** Runden Sie den Johann-Orth-Schwerpunkt mit einem Spaziergang durch den Park der vom Erzherzog entworfenen Villa Toscana ab. Feinschmecker kommen in der Orther Stub'n auf ihre Kosten.

43 Die Fossilienschleiferei

Ein zweites Leben für Urtiere

In seinem früheren Leben vor gut 100 bis 200 Millionen Jahren war der Gosaukamm, wo sich schroffe Felszacken, messerscharfe Grate und zerklüftete Felswände nahtlos aneinanderreihen, ein Riff im warmen Urmeer. Und dieser Umstand macht die jetzigen Kathedralen aus Kalkstein zu einem Paradies für Jäger versteinerter Lebewesen. Eine auch in Fachkreisen renommierte Sammlung hat die Familie Gapp aufgebaut, die in Gosau seit vier Generationen das Handwerk der Fossilienschleiferei und Steindrechslerei ausübt.

Ihr wichtigstes Arbeitsmaterial bildet der Dachstein-Marmor, der an manchen Stellen der sogenannten »Gosauschichten« mit Kopffüßern, Schnecken, Muscheln und Korallen aus dem Thetys-Meer nur so gespickt ist. Die Erfahrung sagt den Gapps, wo sie fossilienträchtiges Gestein suchen müssen, ein Aufklopfen, ob sich eine Weiterbearbeitung lohnt; manchmal lässt sich aus dem Werkstoff eine kunstvolle Schale in anmutiger Maserung anfertigen, manchmal kann man dem mineralisierten Schalengehäuse eines Ammoniten, der vor 200 Millionen Jahren lebte, prachtvolle Dekorations- oder Schmucksteine entlocken.

Die Techniken haben sich die Gapps selbst angeeignet – vom millimetergenauen Zuschneiden des Steins über das Drechseln bis zum geduldigen Polieren, um den Schätzen den letzten Schliff mitzugeben. Die Kostbarkeiten einer jahrzehntelangen Sammeltätigkeit, die Seniorchef Gustav Gapp in alle Welt geführt hat, füllen die Schauräume der Fossilienschleifer-Werkstatt. In allen erdenklichen Formen und Gestalten leuchten dem Besucher die Relikte der Urzeit entgegen: fingerlange, unbearbeitete Schneckengehäuse neben Ammoniten aus der Kopffüßer-Familie, die in ihrem neuen Leben von bernsteinfarben bis blau-schwarz schillern, kleine Anhänger neben bizarren Trilobiten aus Marokko oder einem Andenken aus dem Petrified Forest in Arizona – jedes Stück ein Unikat und eine Augenweide.

Adresse Brigitta Wallner-Weg 13 (Werkstatt/Schauraum), 4824 Gosau, Tel. +43 (0)6136/ 8247, www.fossilien-gapp.at | **Öffnungszeiten** Schauräume nach tel. Vereinbarung, Geschäft (Gosauseestraße 9) Mo – Fr 8 – 12 und 15 – 18 Uhr, Sa. 8 – 12 Uhr | **Anfahrt** B 145 zum Hallstätter See, über B 166 nach Gosau, Fossilienschleiferei befindet sich oberhalb der evangelischen Kirche (Parkmöglichkeit); oder via A 10 Abfahrt Golling nach Abtenau und B 166 nach Gosau | **Tipp** Als Fossiliendorf präsentiert sich Russbach sechs Kilometer westlich von Gosau. Der Tourismusverband bietet geführte Wanderungen zu Fossilienfundstellen an (Tel. +43 (0)6242/577, www.russbach.info sowie www.betty-jehle.at).

44 Die Jagdhütten

»Die Wand« – Wenn das Almidyll zum Alptraum wird

Kein Telefonläuten, reichlich Lesestoff, Vorräte für ein paar Tage und ein »Weit-weg-von-allem-Gefühl«: So stellt man sich einen erholsamen Urlaub auf der Alm vor. Im Roman »Die Wand« der österreichischen Autorin Marlen Haushofer wird die Vision zum Alptraum. Das Werk handelt von einer Frau, die sich auf eine Jagdhütte in den Bergen begibt und eines Morgens feststellen muss, dass sie hinter einer unsichtbaren Wand, auf deren anderer Seite alles Leben erloschen ist, eingesperrt ist. Einzige Stütze im Kampf ums Überleben ist ein Hund.

50 Jahre nach seinem Erscheinen genießt das rätselhafte Werk längst Kultstatus, etwa bei Reinhard Mey, wie der Liedermacher in einer Büchersendung einmal bekannte. Vor Kurzem wurde »Die Wand« erstmals verfilmt – und vielleicht hatten neben der Hauptdarstellerin Martina Gedeck auch die Schauplätze Anteil am großen Erfolg. Der malerische Uferweg am Vorderen Gosausee und zwei Jagdhütten der Österreichischen Bundesforste dienten als wichtigste Drehorte.

Felsblöcke, die vom Gosaukamm heruntergepoltert sind, säumen die Waldlichtung mit dem doppelten Idyll. Vier Stockwerke hoch ist das eine Refugium, drei das andere. Von den Veranden und Balkonen öffnet sich der Blick auf die weiß glitzernde Krone des Dachstein-Massivs. Geweihschmuck und rote Vorhänge künden von den klassischen Wohnqualitäten einer Alm. Extra-Komfort in Form von Warmwasser besorgt eine Photovoltaik-Anlage auf einem Nebengebäude. Kurzum: Hier ließe es sich gut aushalten! Schade nur, dass die rustikalen Jagdhäuser langfristig verpachtet sind … Die Basic-Ausführung nebenan ist die seit 1787 praktisch unverändert gebliebene »Niedere Holzmeisteralm«, ein lang gestrecktes Gebäude mit roh behauenen Schindeln, bemoostem Dach und kleinen Fenstern. Wer partout nicht abschalten kann, dem wird dort spätestens beim Gang zum Plumpsklo ein Spiegel vorgehalten. »Büro« steht auf der Tür zu lesen.

Adresse Niedere Holzmeisteralm, Vorderer Gosausee, 4824 Gosau | **Öffnungszeiten** Frühling bis Herbst, die Jagdhütten sind nur von außen zu besichtigen | **Anfahrt** B 145 und B 166 nach Gosau und weiter zum Vorderen Gosausee (Parkmöglichkeit); oder via A 10 Abfahrt Golling nach Abtenau und B 166 nach Gosau; Jagdhütten und Alm findet man circa 15 Minuten vom See-Ende entfernt | **Tipp** Panoramareich geht es an der (meist ausgetrockneten) Gosaulacke vorbei zum versteckt liegenden Hinteren Gosausee mit der im Sommer bewirtschaften Hohen Holzmeisteralm (Tel. +43 (0)664/4253513). Kinderwagentauglich ist die Umrundung des Vorderen Gosausees oder eine See-Erkundung mit dem Elektroboot.

45 Der Schleifsteinbruch

Spitzenprodukte gegen die Abstumpfung

Gut 500 Jahre lang wurde hoch über Gosau ein Material abgebaut, das in der ganzen Donaumonarchie reißenden Absatz fand: Schleifsteine. Bauern führten sie mit, um ihre Sensen zu wetzen. In der Industrie fanden riesige, Hunderte Kilogramm schwere Schleifscheiben ihre Abnehmer.

Beim Steinbruch am Ressenberg wird die Geschichte der Gosauer Schleifsteine in Vorführungen sowie auf einem Themenweg vergegenwärtigt. Wer sein Taschenmesser dabei hat, kann die Steine gleich einem Qualitätstest unterziehen. Die geologische Basis für das in Mitteleuropa einzigartige Vorkommen bildet ein feinkörniger, fossilfreier Sandstein, der sich vor 80 Millionen Jahren in einer Mulde des kreidezeitlichen Meeres ablagerte.

Mit Hilfe eines Zirkels wurde die Form des Schleifsteins vorgezeichnet. Dann war Muskelkraft gefordert. Mit einem speziellen Hammer – dem Zweispitz – meißelten die Steinhauer die Brocken aus dem Fels. Die schweren Kaliber beförderte man im Winter auf Schlitten ins Tal, wo sie ihre endgültige Form erhielten.

Industriell erzeugte Produkte verdrängten die natürlichen Schleifsteine allmählich, und so ging auch der gewerbsmäßige Abbau des Vorkommens 1969 zu Ende. Doch nicht ganz – 20 Jahre später feierte das Gewerbe eine Renaissance in kleinem Maßstab. Die nebenberuflichen Schleifsteinhauer von heute produzieren etwa Schleifsteine für Kleinmaschinen oder für die Küche. Statt mit Muskelkraft rücken sie dem Stein mit Kernbohrer und Kappsäge zu Leibe.

Einmal am Ressen, sollte man dem einsam gelegenen Löckernmoos unbedingt einen Besuch abstatten. Latschen und Heidegewächse umrahmen das Hochmoor, seltene Pflanzen wie der Sonnentau sind im Moospolster zu erkennen. Wenn es windstill ist, verdoppelt der winzige Löckernsee das Naturidyll auf 1.400 Meter Höhe. Und währenddessen wogt am Horizont wie ein Meer aus erstarrtem Kalk der von Urgewalten geformte Gosaukamm.

Adresse Ressenberg, 4824 Gosau, Tel. +43 (0)5 95095-20 (Tourismusbüro Gosau) | Öffnungszeiten Juni–Okt. frei zugänglich, Führungen Di, Abfahrt 10 Uhr ab Tourismusbüro, Gosau 547, sowie auf Anfrage | Anfahrt B 145 und B 166 nach Gosau; von Tourismusbüro circa 1,5 Stunden zu Fuß, zunächst zur östlichen Talseite, dann auf Weg 511; oder via A 10 Abfahrt Golling nach Abtenau und B 166 nach Gosau | Tipp Die Wanderung kann man in der Badstub'n Hütte am Steinbruch gemütlich ausklingen lassen oder zur Plankensteinalm und weiter auf die Hohe Scheibe gehen.

46 Der Cumberland Wildpark

Mit Bären und Luchsen auf Du und Du

Die Herzöge von Cumberland sind seit Jahrhunderten Nimrode, ihre Jagdleidenschaft sprichwörtlich und die nach ihnen benannte Wildsauce legendär. Das malerische Almtal mit seinem Wildreichtum war ein Anziehungspunkt für die Herzöge, sie genossen bei Streifzügen durch Wald und Wiesen die Schönheit der Natur.

Glücklicherweise wurde 1970 die Herzog-von-Cumberland-Stiftung gegründet, die ein circa 60 Hektar großes Gebiet in einen Wildpark umwandelte und der Öffentlichkeit frei zugänglich machte. Heute wird das Gelände von einem gemeinnützigen Verein betrieben und arbeitet eng mit der Konrad-Lorenz-Forschungsstelle zusammen. Der Park ist nicht nur als Erholungsgebiet für gestresste Städter gedacht, sondern hier wird anhand groß angelegter Studien das Verhalten verschiedener Tierarten untersucht. In einer Zeit, wo Kinder fragen, ob Kühe lila sind, und Fisch nur in panierter Form kennen, ist ein Besuch des Grünauer Wildparks dringend anzuraten.

Der Park bietet Natur pur, am Fuße des Toten Gebirges erstreckt sich eine Landschaft voller Wälder und Wiesen, entlang von Bächen und Teichen durchstreift der Besucher auf bestens präparierten Wegen das Tal. Artgerechte Haltung und natürliche Umgebung für die Tiere werden hier großgeschrieben, Graugänse, Raben und Waldrappen laufen frei herum. Braunbären, Wölfe und Luchse sind aus verständlichen Gründen eingezäunt, doch die Flächen sind großzügig bemessen, man spürt, dass sich die Tiere wohlfühlen.

Der Wildpark ist ganzjährig geöffnet und verbreitet tief verschneit im Winter einen besonderen Charme, da man das natürliche Leben der Tiere noch intensiver miterlebt. Die Kulisse ist ideal für naturkundlichen Unterricht, im Rahmen von Führungen kann man daher alles Wissenswerte über Hirsch, Wildschwein und Co. erfahren – nach einem Besuch bei den Cumberlands weiß jedes Kind, wie Wölfe heulen und Bären brummen.

Adresse 4645 Grünau im Almtal, Tel. +43 (0)7616 / 8425, info@wildparkgruenau.at, www.wildparkgruenau.at | **Öffnungszeiten** täglich April – Okt. 9 – 17 Uhr, Nov. – März 10 – 16 Uhr | **Anfahrt** von der A 9 in Ried im Traunkreis abfahren, über Pettenbach, Scharnstein nach Grünau im Almtal, im Ortszentrum rechts abbiegen und den Schildern zum Wildpark folgen | **Tipp** Am Ende des Streifzugs wartet das Wildparkstüberl – die Kaspressknödel mit Sauerkraut sind ein Gedicht.

47_Der »DU-Stein«

Gleichheit und Brüderlichkeit

»Auf da Alm, do gibt's koa Sünd«, dieser Spruch sagt vieles aus über die Eigenheiten des Lebens in den Bergen. Je höher der Mensch steigt, desto mehr entfernt er sich vom städtischen Gewimmel und der Unpersönlichkeit von Wohnblocks und Supermarkthallen. Beim Wandern und Bergsteigen fallen die gesellschaftlichen Konventionen ab, und der Mensch als solcher kommt wieder zum Vorschein … oder können Sie sich vorstellen, dass Sir Edmund Hillary und Tensing Norgay noch per Sie waren, als sie auf dem Gipfel des Mount Everest im Himalaya standen?

Nun stellt sich die Frage – wo endet die Förmlichkeit und wo beginnt der alpine Schulterschluss? Die Antwort darauf findet sich wie so oft im Salzkammergut, genauer gesagt im Almtal auf dem Weg zur Kasbergspitze. Die Gegend ist ein wahres Eldorado für Wanderer, denn die »Almrunde« führt vom Hochberghaus über Farrenau und Kasberg hinauf zum Spitzplaneck und über das Regenkar zurück zum Ausgangspunkt. Dieses Hochberghaus liegt auf 1.200 Meter Seehöhe und wird vor oder nach Touren gerne von Wandersleuten und Bergfexen besucht, die hier eine absolut prächtige Fernsicht aufs Tal genießen können.

Der findige Wirt Hermann Hüthmayr kam auf die Idee, einen Stein dort neben der Straße aufzustellen, wo 1.000 Meter erklommen sind – sozusagen als ewigen Zeugen der Bergbrüderschaft. Er wurde als Denkmal gesetzt, damit keiner diese Marke übersieht und jeder sich den Grußregeln der Älpler anpasst. Dieser Stein ist einzigartig auf der ganzen Welt. »Jetzt sag DU« prangt es in silbernen Lettern am Felsen, und daneben steht die Erklärung, dass hier die Natur die Regeln vorgibt, ohne dass lästige Etikette stört. Im Bewusstsein der Gleichheit kann man nun leichten Fußes durch Hochwälder, Lärchenwiesen und über Weideland lustwandeln. Wer mit dem Auto kommt, muss Maut entrichten – doch eine Jausenrechnung im Hochberghaus wird ebenso akzeptiert.

Adresse Hochberghaus, Bergstraße Farrenau, 4645 Grünau im Almtal, Tel. +43 (0)7616/8477, www.hochberghaus.at | **Anfahrt** von der A 9 in Ried im Traunkreis abfahren, über Pettenbach, Scharnstein nach Grünau im Almtal, im Ortszentrum links abbiegen Richtung Bergstraße Farrenau/Hochberghaus | **Tipp** Der Almsommer beginnt mit dem Rinderauftrieb im Juni und endet mit dem Abtrieb Mitte September – absolut sehenswert!

48 Die Forschungsstelle

Flugzeuge als Wegweiser

Ein freundlich lächelnder Herr mit Vollbart schwimmt in einem See, umringt von einer Schar Graugänsen. Was wie ein Postkartenmotiv aus dem Urlaub ausschaute, war in Wirklichkeit wissenschaftliche Arbeit und brachte dem Schwimmer sogar einen Nobelpreis ein. Konrad Lorenz hatte 1973 im Almtal auf Einladung des Herzogs von Cumberland eine Forschungsstelle gegründet, konnte im Almsee seine Runden drehen und das auch noch Arbeit nennen.

Lorenz gilt als der Vater der Verhaltensforschung. Bereits als kleines Kind fiel ihm auf, dass die Entenküken, um die er sich liebevoll kümmerte, lieber ihm als ihrer leiblichen Mutter nachliefen. Später entwickelte er daraus die Theorie der Prägung, die – für den interessierten Laien verkürzt – darauf basiert, dass Tiere ihren Instinkten folgen und bestimmtes Verhalten durch Schlüsselreize ausgelöst wird. Er forschte viele Jahre als Direktor des Max-Planck-Institutes in Bayern und kam Anfang der 1970er nach seiner Emeritierung und der Verleihung des Nobelpreises für Medizin ins Almtal, um hier seine Forschungen mit frei lebenden Tieren fortzusetzen.

Nach seinem Tod wurde das Vermächtnis von einem privaten Förderverein übernommen, heute widmen sich die Forscher neben der Beobachtung von Graugänsen auch dem Leben der Waldrappen, Raben und Dohlen und können dabei auf modernste Mittel zurückgreifen.

Als Beispiel mag dienen, dass sogar Ultraleichtflugzeuge eingesetzt werden, um Waldrappen den Weg in den Süden zu zeigen. Bei einem Besuch der Forschungsstelle kann man Vögel in freier Wildbahn beobachten und darf den Forschern über die Schulter schauen, wenn sie ihre ornithologischen Studien betreiben. Hier werden Dinge zusammengeführt, die Konrad Lorenz sein Leben lang beseelten – Forschung und Natur: Denn Wissenschaft passiert nicht nur in verstaubten Bibliotheken, sondern auch auf den Wellen des Almsees.

Adresse Konrad-Lorenz-Forschungsstelle für Ethologie, Fischerau 11, 4645 Grünau im Almtal, Tel. +43 (0)7616/8510, office@klf.ac.at, www.klf.ac.at | **Öffnungszeiten** Di 15 Uhr Führungen – unbedingt vorher anmelden | **Anfahrt** von der A 9 in Ried im Traunkreis abfahren, über Pettenbach, Scharnstein nach Grünau im Almtal, im Ortszentrum rechts abbiegen, die Forschungsstelle liegt circa 1,5 Kilometer vor dem Cumberland Tierpark | **Tipp** Ein Bad im Almsee ist unbedingt anzuraten – etwas kalt, aber sehr erfrischend!

49_Der Plättenbauer

Salz, Futter und Verliebte

Venedig, Canale Grande, ein verliebtes Pärchen sitzt in einer Gondel und gibt sich der abendlichen Stimmung hin. Dieses Image haftet an Bella Venezia, doch lang gezogene Spitzboote, die von einem kundigen Bootsmann geführt werden, gibt es auch im Ausseer Land. Hier heißen die Schiffchen »Plätten«, die schlanke Nase ist der »Gransing«, und die Gondoliere stehen mit einer Krachledernen am Ruder. Die Plätten waren früher Transportschiffe für Salz, Futter und Holz, durch die Länge und den flachen Boden konnten große Mengen dieser lebenswichtigen Materialien auf dem kürzesten Weg über die Seen geschafft werden. Später wurden sie Ausflugsboote, selbst Erzherzog Johann legte Hand an, als er seine Geliebte Anna Plochl im Schweiße seines Angesichts in eine verschwiegene Bucht ruderte.

Die Konstruktion ist etwas für Fachleute, das Wissen wird über Generationen weitergetragen – Felix Suchanek ist einer der wenigen, die sich noch aufs Plättenbauen verstehen. Das Holz wird in feinster Handarbeit zusammengefügt, und der Käufer kann sicher sein, für lange Zeit übers Wasser gleiten zu können, ohne in Seenot zu geraten. Eine Suchanek-Plätte hält fast ewig. Und sollte doch eine kleine Reparatur notwendig sein, wird diese ebenfalls in der Werkstatt erledigt – kurzum: Full Service made in Grundlsee.

Eine besondere Attraktion sind Kurse im Plättenbau: Interessierte, die keine zwei linken Hände haben, werden innerhalb von zwei bis drei Wochen in die Grundkenntnisse des Bootsbaus eingeweiht und können unter fachkundiger Anleitung eigene Schiffchen zimmern.

Venedig ist eine wunderbare Stadt, in der bröckelnder Putz und zarte Morbidität einfach dazugehören. Bei einer Plättenfahrt im Salzkammergut gibt es für Passagiere jedoch zwei große Unterschiede zum venezianischen Charme: Das Wasser ist glasklar, und bei der Bezahlung zieht es ihnen nicht die Schuhe aus.

Adresse Bräuhof 203, 8993 Grundlsee, Tel. +43 (0)676/7559873, office@boote-salzkammgut.at, www.boote-salzkammergut.at | **Öffnungszeiten** Besucher müssen sich vorher telefonisch anmelden. | **Anfahrt** B 145 nach Bad Aussee, auf der Grundlseer Straße in die Ortschaft Grundlsee fahren (wird zu »Bräuhof«) | **Tipp** In Mosern 19 direkt am See finden sie den »Kaiserlichen Stall«, ein charmanter Holzstadel mit Patina, der für Ausstellungen genutzt wird.

50 Die Traun vom Ursprung an

Aus steilem Felsen durch alle Seen

Die Kelten gaben dem Fluss seinen Namen: »Truna – die Reißende« ist eine hervorragende Bezeichnung, denn die Traun entspringt inmitten der Felsen des Toten Gebirges und bahnt sich druckvoll und schnell ihren Weg durchs Salzkammergut, fließt ins Alpenvorland und ergießt sich schließlich bei Linz in die Donau. Die Quelle befindet sich im hintersten Winkel in der Nähe des Kammersees, den man nur mit einer Zille vom Toplitzsee aus erreichen kann.

Dieses Gebiet besteht vornehmlich aus Kalksteinformationen, die durch Regenfälle der Jahrtausende ausgewaschen wurden und deren Labyrinthe und Höhlensysteme Wasser führen und schlussendlich aus den Felsen pressen. Die Traun speist zunächst den Kammersee, rinnt dann in Kaskaden zum Toplitzsee und weiter zum noch tiefer gelegenen Grundlsee, nimmt in Bad Aussee weitere Nebenarme auf und wendet sich am Dachstein nach Norden hin. Fast unglaublich, aber »die Reißende« hat auf der Strecke zwischen dem Bahnhof Bad Aussee und dem Hallstättersee das gleiche Gefälle wie die Donau zwischen Eisernem Tor und Schwarzem Meer – also aufpassen und nicht hineinfallen!

Beim Hallstättersee schüttelt der Fluss alle Beinamen ab und wird endgültig zur puren Traun. Zum Ende der Salzkammergut-Rallye werden noch Bad Ischl und der Traunsee durchflossen, bevor es ins Alpenvorland durch die Welser Heide in die Stahlmetropole Linz und damit in den »Mutterfluss Europas«, die Donau geht.

Die Traun besticht durch ein pittoreskes Flussbett und herrliche Wasserqualität und ist als Fischrevier weltberühmt – in den Sommermonaten kann man unzählige Petrijünger mit ihren Fliegenruten beobachten. Der Fluss war und ist eine Lebensader des Salzkammergutes. Landschaftliche Schönheit und hervorragende Wasserqualität sind die Markenzeichen eines Flusses, der viel zu erzählen hat und sich vom Wasserweg zum Erholungsgebiet gewandelt hat.

Adresse Kammersee, 8993 Grundlsee | **Anfahrt** B 145 in Bad Aussee Richtung Grundlsee, weiter zum Toplitzsee, von dort mit der Zille zum Kammersee, dem Quellgebiet der Traun | **Tipp** Die 3-Seen-Tour Grundlsee-Toplitzsee-Kammersee kombiniert Schifffahrt mit einer kurzen Wanderung – los geht's bei der Schiffsanlegestelle des Seehotels »Am Grundlsee«.

51 Die Villa Castiglioni

Stammbuch und Partituren

Inmitten eines mächtigen Baumbestandes steht sie leuchtend weiß, einem Wahrzeichen gleich, am Grundlsee – die Villa Castiglioni. Die Aura dieses Hauses ist sagenumwoben und geheimnisvoll wie der See selbst, das Anwesen ein zu Stein gewordenes Beispiel der Geschichte des Salzkammerguts.

Ursprünglich als »Villa Grundlstein« errichtet, wurde sie 1920 von Finanzmogul Camillo Castiglioni gekauft und in die heutige Form gebracht. Castiglioni war Sohn eines Triestiner Rabbiners und hatte ein goldenes Händchen, was Geld und Aktien anbelangte, spekulierte weltweit an den Börsen und häufte ein ungeheures Vermögen an, das ihn – durch die Weltwirtschaftskrise befeuert – sogar zum Trillionär machte. Er kam per Privatzug an den Grundlsee und feierte dort rauschende Feste, die jedoch mit dem sogenannten »Schwarzen Freitag«, der Castiglioni in den Abgrund riss, ein jähes Ende nahmen.

Später fiel die Villa den Nationalsozialisten in die Hände und diente als Zwischenlager für geraubte Kunstschätze. Adolf Hitler wollte nach dem »Endsieg« in Linz eine gigantische »Führerbibliothek« anlegen und hortete zigtausende Bände in den weitläufigen Gemächern des Hauses. Prunkstücke dieser Sammlung waren das Stammbuch Goethes für seinen Sohn August und originale Partituren des »Rheingolds« von Richard Wagner. Beides verschwand in den Untergangswirren Nazi-Deutschlands. Das Stammbuch Goethes tauchte unter mysteriösen Umständen Jahrzehnte später wieder auf, als versucht wurde, dieses einmalige Schriftstück bei einer Auktion zu versteigern. Die Originalschriften Wagners blieben hingegen verschollen und nähren eines der unzähligen Gerüchte rund um die verschwundenen Schätze der »braunen Ära«. Sollten Sie auf einem Dachboden über einen Stapel alten Papiers stolpern, schauen Sie lieber nach … es könnten Noten des genialen Tonsetzers aus Sachsen sein.

Adresse 8993 Ort Grundlsee. Die Villa ist der Prachtbau am gegenüberliegenden Seeufer. | Öffnungszeiten Die Villa ist nur von außen zu besichtigen. | Anfahrt B 145 nach Bad Aussee, weiter auf der Grundlseer Straße in den Ort Grundlsee fahren (hier ist die Aussicht am besten) | Tipp Vom Ort Grundlsee kann man eine Schifffahrt buchen, die eng an der Villa Castiglioni vorbeiführt und auch die anderen Schönheiten des Gewässers offenbart.

52 Das Automatenmuseum

Lass die alten Puppen tanzen

In der Oper »Hoffmanns Erzählungen« schwebt die Puppe Olympia so lebensecht über die Bühne, dass sie für einen Menschen gehalten und zum Objekt unerwiderter Liebe wird. Zum Verlieben, aber etwas kleiner, sind die historischen Puppenautomaten, die die Familie Morelli-Hinterer seit Ende 2017 in Hallstatt präsentiert. Aufgebaut hat die europaweit größte Sammlung an »mechanischen Humanoiden« der Kunstsammler und Restaurator Vittorio Morelli, über seinen Sohn Lorenzo kam die Kollektion in das Salzkammergut.

Phantastisches und Skurriles springt dem Besucher in diesem Kuriositätenkabinett – so der Zweitname – ins Auge. Hier sitzt ein in Gehrock und Stutzen gekleideter Affe an einer Harfe; dort starrt ein Clochard mit löchrigem Pullover ins Leere. Die ersten der rund 100 Exponate sorgten im 16. Jahrhundert für Belustigung an den barocken Fürstenhöfen. Beliebt waren seit damals exotische Sujets – so sind manche Puppen etwa als Tiergestalten ausgeführt. Für kleine Gruppen werden Führungen ausgerichtet, und dann verblüfft der eine oder andere Automat mit einem musikalisch umrahmten Tänzchen – etwa der Affe mit Mandoline oder der Clochard, der gekonnt durch das Bild torkelt.

Ein 45-minütiger Film dokumentiert die Funktionsweise der Puppenautomaten. Eines der aufs Schönste restaurierten Wunderwerke gewährt freie Sicht auf sein Innenleben. Die filigrane Mechanik mit Zahnrädern, Kettchen und Gestänge nötigt einem größten Respekt für die Tüftler der alten Zeit ab. In einer historischen Wassermühle am Mühlbach hat die Kollektion mit Schwerpunkt auf dem grandiosen Schaffen Pariser Ateliers des 19. Jahrhundert ihre stimmungsvolle Heimat gefunden. Und wer weiß, vielleicht erwachen ja alle der Automaten zu nachtschlafender Stunde und führen ihre Tänze auf – inmitten von feinen und kunstsinnigen Andenken, wie man sie in dem Weltkulturerbeort auch kein zweites Mal findet.

Adresse Kirchenweg 168, 4830 Hallstatt, Tel. +43 (0)664/210 5 215, www.lakeside-lodges.at/unser-museum/ | Öffnungszeiten Do–So 11–18 Uhr, Sommer länger, Führungen für Kleingruppen nach Vereinbarung | Anfahrt B 145, B 166 und L 547 nach Hallstatt, von den Parkplätzen am Ortsrand über die Seestraße zum Marktplatz, am oberen Ende links halten, in die Passage am Mühlbach einbiegen, das Ziel ist ausgeschildert | Tipp Besuchen Sie die Christuskirche, eines der imposantesten evangelischen Gotteshäuser Österreichs.

53 Das Beinhaus

Durch Mark und Bein

Im Beinhaus bei der katholischen Kirche bekommen Hallstatt-Besucher ein Kontrastprogramm zu all den pittoresken Panoramen ringsum geboten. Auf engstem Raum stapeln sich Aberhunderte Totenschädel und starren den Besucher aus leeren Augenhöhlen an. Wie um dem Schrecken Schönheit zu verleihen, sind etwa 600 der 1.200 im Karner der Michaelskapelle ausgestellten Schädel kunstvoll bemalt.

Es war der Platzmangel, der die Hallstätter auch bei traurigen Anlässen erfinderisch machte. Weil der Friedhof der zwischen Berg und Seeufer eingezwängten Ortschaft stets zu klein war, entnahm man bereits im Mittelalter die Gebeine der Verstorbenen zehn bis 15 Jahre nach dem Begräbnis dem Erdreich. Die Schädel bleichten im Sonnen- und Mondlicht aus und fanden dann zusammen mit den Röhrenknochen, die man übereinanderschichtete, im Erdgeschoss der gotischen Kapelle ihre endgültige Ruhestätte.

Um etwa 1720 kam in Hallstatt – wie auch in Bayern und im westlichen Österreich – der Brauch auf, die Schädel zu bemalen. Kreuze und andere religiöse Symbole sind zu sehen. Kunstvolle Blätter- und Blumenornamente ranken sich von der Schädeldecke bis zum Kieferknochen. Oft hielten die Schädelmaler auch die Namen der Verstorbenen sowie ihr Todesjahr auf dem elfenbeinfarbenen Knochen fest. So blieb die Individualität der nach Familien geordneten Gebeine gewahrt.

Andernorts sind die Schädelsammlungen längst verschwunden – nur jene in Hallstatt, die wohl größte überhaupt, ist praktisch unverändert erhalten geblieben. Auch heute noch können sich Bürger der oberösterreichischen Gemeinde auf diese traditionelle Weise bestatten lassen. Eine testamentarische Verfügung ist allerdings Voraussetzung. Der jüngste Schädel kam 1995 ins Beinhaus und ist gleich neben dem Kreuz rechts zu sehen. Heute hat die Möglichkeit der Feuerbestattung das postmortale Platzproblem entschärft.

Adresse Michaelskapelle, Kirchenweg 40, 4830 Hallstatt, Tel. +43 (0)6134/8279 | **Öffnungszeiten** 1. Mai – 26. Okt. täglich 10 – 18 Uhr, Winter Mi – So 11.30 – 15.30 Uhr | **Anfahrt** B 145, B 166 und L 547 nach Hallstatt, von den Parkplätzen zehn Minuten Fußweg zur Kirche; oder A 10 Ausfahrt 28-Golling, via B 162 und B 166, dann wie oben | **Tipp** Die katholische Pfarrkirche Maria Himmelfahrt nebenan beherbergt mit dem spätgotischen Marienaltar von Leonhard Astl (um 1510) ein besonderes Kunstjuwel.

54 Das Dirndl to Go

Trachten-Look für die Selfie-Generation

Die Tracht gehört im Salzkammergut zum Alltag –, nicht nur zu festlichen Anlässen oder beim Kirchgang wird sie stolz ausgeführt. Was aber tun Besucherinnen, die sich für das traditionelle Gewand begeistern, sich aber eines der teuren Outfits nicht leisten wollen oder können? Genau: Sie mieten eine Tracht beim »Dirndl to Go« in Hallstatt. Die Kundschaft entströmt vor allem den Bussen, die viele Besucherinnen aus Asien heranbringen. Dort ist Hallstatt eine Kultdestination, und Kult sind in Übersee auch Selfies und Selfiesticks.

Auf zur Anprobe: Im Erdgeschoss eines Gasthofs ist der Kostümverleih – nach Angaben der Betreiberinnen der einzige der Trachtenart in Österreich – zu finden. Spiegel säumen die Wände, Dutzende Dirndl, eins schöner als das andere, buhlen um Aufmerksamkeit. Claudia Höll und Birgit Lupert kleiden die Kundinnen ausschließlich in traditionelle Trachten. Phantasieentwürfe wie beim Münchner Oktoberfest finden sich im Fundus nicht. In China und Taiwan ist Rot groß angesagt – da passt etwa die oberösterreichische Tracht mit schwarzem Rock, blauer Schürze und rotem Oberteil, dazu die Bluse klassisch in Weiß. Nun zur Hauptsache – der Fotosession. Im Gastgarten vor toller Seekulisse macht sich ein Dirndl hervorragend, gleich um die Ecke liegt der Marktplatz. Warum nicht auf einer Bootspartie ein Video drehen? Über Facebook, Instagram, Snapchat und Co. werden die Trachtenträgerinnen zu globalen Botschafterinnen für das kleine Hallstatt.

Das Dirndl to Go ist ein kosmopolitischer Ort. Auch Amerikanerinnen und Araberinnen gönnen sich bisweilen eine Auszeit in Tracht. Kulturvermittlung ist dabei: Stets wird gefragt, ob frau verheiratet oder ledig ist. Warum? Erstere tragen die Masche der Dirndlschürze rechts, letztere links. Und wer weiß, vielleicht wagt ja jemand eine Eisbrecherfrage? Für Herren gibt es übrigens einen Steirerjanker zum Paradieren.

Adresse Wolfengasse 105 (Erdgeschoss Gasthof Simony), 4830 Hallstatt, Tel. +43 (0)650/3666503, www.dirndl-to-go.at | **Öffnungszeiten** Mai–Mitte Okt. Mo–So 11–17 Uhr und auf Anfrage | **Anfahrt** B 145, B 166 und L 547 nach Hallstatt, von den Parkplätzen am Ortsrand über die Seestraße zum Marktplatz, das Ziel befindet sich kurz davor rechter Hand | **Tipp** Machen Sie eine Kreuzfahrt – vom Wasser aus ist das Panorama auf Hallstatt besonders eindrücklich (www.hallstattschifffahrt.at).

55 Das Echerntal

Als der Künstler lernte, die Natur zu lieben

Wildbäche, Wasserfälle und Gletschermühlen legen im Hallstätter Echerntal Zeugnis von den unbändigen Naturgewalten ab, die das Dachstein-Massiv geformt haben. Mitte des 19. Jahrhunderts inspirierte die Wildnis zwischen Hirlatz- und Echernwand Künstler des Biedermeier-Zeitalters zu romantischen Höhenflügen. Im verklärenden Licht ihrer Werke wurde eine Landschaft, die bis dahin als bedrohlich gegolten hatte, zum Beleg für die Erhabenheit der Schöpfung.

Wer auf dem Themenweg Echerntal den Spuren der Künstler-Avantgarde folgt, erreicht nach wenigen Minuten das moosbedeckte Simony-Denkmal mit seiner verwitterten Inschriftentafel. Der Dachstein-Forscher Friedrich Simony (1813–1896) trug mit seinen Beschreibungen, Zeichnungen und Veduten wesentlich dazu bei, die wenig bekannte Region um Hallstatt als eine Sehnsuchtslandschaft in den Köpfen seiner Zeitgenossen zu verankern. Schauplätze und Motive fanden Eingang in Erzählungen seines Freundes Adalbert Stifter. Bereits um 1840 griffen Maler wie Ferdinand Georg Waldmüller und Rudolf von Alt zum Pinsel, um die verwunschenen Winkel am Fuße des Dachstein-Gebirges auf Leinwand zu bannen.

Entdeckungen lassen sich im Echerntal auch heute noch machen. Ein Steig erschließt den Gletschergarten, wo partikelreiches Schmelzwasser in Jahrtausende währender Wühlarbeit bizarre Löcher und Becken aus dem Kalk gefräst hat. Wasserfälle, die wie ein hauchzarter Schleier über Felsklippen rieseln oder 90 Meter in die Tiefe donnern, passiert der Themenweg. Man kommt vorbei am Kreuzstein, den einst ein Eremit besiedelte; auf dem Felssturzblock legte er einen Gemüsegarten an – ein Versuch, die Wildnis zu zähmen? In Babylon endet der Rundweg. Was es damit auf sich hat? Um 1900 stand dort ein Pavillon (vor einigen Jahren rekonstruiert), der als Rasthäuschen diente. Den Einheimischen gefiel die Bezeichnung Babylon allerdings besser.

Adresse Echerntal, 4830 Hallstatt-Lahn, Tel. +43 (0)5 95095 30 (Tourismusbüro Hallstatt), www.hallstatt.net/ueber-hallstatt/themenwege | **Öffnungszeiten** Frühjahr–Herbst, außer bei Schneelage | **Anfahrt** B 145, B 166 und L 547 nach Hallstatt, bei der Salzbergbahn den Wegweisern Parkplatz Wiesberghaus folgen | **Tipp** Vom Ende des Echerntals lohnen sich die Anschlusswanderungen ins Hallstätter Hochtal oder zum Wiesberghaus.

56 Die Gosauzwangbrücke

Immer dem Salz nach

Vom Rudolfsturm hoch über Hallstatt schlängelt sich Weg 601 durch dichten Bannwald über dem Hallstätter See nach Norden. Stetiger Begleiter: Die Soleleitung, die als erste ortsübergreifende Rohstoff-Pipeline der modernen Industriegeschichte gilt. »Führt die Sole dem Walde nach, wenn der Wald rar wird bei den Bergen.« So hatte es Kaiser Rudolf II. im Jahr 1596 seinen Ingenieuren befohlen, als in Hallstatt das Brennholz zur Aufbereitung der aus dem Salzbergwerk gewonnenen Salzlauge immer knapper wurde. Zehn Jahre später nahm eine aus 13.000 ausgehöhlten Fichten und Tannen zusammengesteckte Rohrleitung ihren Betrieb auf, die die Sole über 40 Kilometer in das neu errichtete Sudhaus nach Ebensee beförderte. Noch heute verrichtet die Pipeline, von den Einheimischen »der Strähn« genannt, ihren Dienst. Allerdings fließt die Sole inzwischen in Kunststoffrohren unter der Trasse.

Das imposanteste Bauwerk der Pipeline ist die Gosauzwangbrücke, die man nach gut einstündigem Marsch erreicht. Auf schlanken Pfeilern aus Kalkstein-Quadern ruht der Sole-Viadukt, der als eines der kühnsten technischen Bauwerke seiner Zeit galt und einen Schwachpunkt beseitigte: Bis 1758 fiel die Leitung beim Gosaubach in die Tiefe, durch großen Druck (»Zwang«) schoss die Sole auf der anderen Seite der Schlucht wieder empor. Der Druck ließ die Rohre trotz Eisenringummantelung immer wieder platzen. Als eine Erhöhung der Transportmengen geplant war, entschied sich der Wiener Hof für den Bau einer Soleleitungsbrücke. Meister Spielbüchler meisterte den kniffligen Job bravourös.

Knapp 40 Meter über dem Erdboden befindet sich der Wanderer; tief unten verläuft die Straße nach Gosau durch eine waldreiche Schlucht. Ein Wildbach rauscht. Und während einige über die Beinahe-Marathon-Distanz nach Ebensee weitergehen, lassen es andere bei diesem frühen Höhepunkt des immer leicht abschüssig verlaufenden Wanderweges bewenden und machen wieder kehrt.

Adresse an der Kreuzung B 166/L 547 am Westufer des Hallstätter Sees, auf halber Strecke zwischen 4822 Bad Goisern, Ortsteil Steeg, und 4830 Hallstatt, Tel. +43 (0)5 95095-10 (Tourismusbüro) | **Öffnungszeiten** Frühjahr–Herbst, Witterung beachten | **Anfahrt** B 145 und B 166 Richtung Hallstatt; oder A 10 Ausfahrt 28-Golling, via B 162 und B 166 | **Tipp** Die Tour erfordert gutes Schuhwerk und auf der ersten Etappe etwas Schwindelfreiheit. Der Rückweg nach Hallstatt lässt sich mit Bus (Station Gosaumühle), Schiff (ab Bad Goisern/ Steeg) oder Bahn/Schiff (von Bad Goisern) bewerkstelligen.

57 Die Instrumentenbauer-Werkstatt

Besuch beim »Holzflüsterer«

Dudelsackklänge, während man dem Zentrum Hallstatts entgegenspaziert? Man verortet die Quelle der ungewöhnlichen Töne schließlich in den oberen Stockwerken des altehrwürdigen Bräugasthofs. Hier hat Arnold Lobisser sein Reich. Mehr als 20 Jahre lang unterrichtete der Tischlermeister an der Hallstätter Holzfachschule Instrumentenbau. Seine Liebe zu alten Instrumenten und zu allem, was sich aus Holz gestalten lässt, lässt ihn auch im Ruhestand nicht los, wie man bei einem Besuch in seiner verwinkelten Werkstatt erkennt.

Von einem Regal grüßt ein schlangenförmig gewundener Contraserpent, den Lobisser nach alten Vorbildern aus Kirschholz anfertigte. In den Ecken türmen sich Bassgeigen, Fiedeln, Gamben und Gitarrenlauten. Wer etwas reparieren lassen will, ist hier goldrichtig. Lobissers Dudelsacksammlung zeigt, dass die Schotten keineswegs ein Monopol auf das Instrument geltend machen können. Eine Zampogna belegt die Tradition in den Abruzzen, deutsche Sackpfeifen sind zu sehen. Blickfang sind jedoch die alten böhmischen Böcke. Ihnen hat der Instrumentenbauer mit Gams- und Kuhhörnern, Ziegenfratzen aus Holz und Fellstücken eine archaische Aura verliehen.

Von meisterhaftem Umgang mit Holz künden die nach alten Techniken gefertigten Kabinette mit detailverliebten Einlegearbeiten. Ausdrucksstarke Krippen- und Spielzeugfiguren entlockt der »Holzflüsterer« seinem liebsten Werkstoff, aus sprödem Horn zaubert er Schatullen. Aus einem Glaskasten starrt einem ein Drachenmaul entgegen – ein Wurzelstück, das, um Zähne ergänzt, zum Kunstwerk mutierte. Souvenirs, wie man sie in Hallstatt kein zweites Mal findet, kann man hier erwerben oder nach eigenen Vorstellungen anfertigen lassen. Wer an alten Stilmöbeln Gefallen findet, kann sich in den Gaststuben inspirieren lassen.

Adresse Bräugasthof, Seestraße 120, 4830 Hallstatt, Tel. +43 (0)6134/822132, www.brauhaus-lobisser.com | **Öffnungszeiten** nach tel. Voranmeldung | **Anfahrt** B 145, B 166 und L 547 nach Hallstatt, 10 Minuten Fußweg von den Parkplätzen; oder A 10 Ausfahrt 28-Golling, via B 162 und B 166, dann wie oben | **Tipp** Alle Zimmer mit Seeblick, wunderschöne Stuben: Gediegener als im Bräugasthof kann man in Hallstatt nicht wohnen.

58 Das Kellermuseum Janu

Oben Kommerz, unten Kultur

Manche richten sich im Keller einen Partyraum ein, andere nutzen ihn als Abstellfläche – ein Museum findet man im Souterrain allerdings selten. Das Haus von Friedrich Janu im Zentrum Hallstatts ist eine dieser Ausnahmen. Der Sportgeschäftebesitzer beschloss vor bald 20 Jahren, einen Heizungskeller ausheben zu lassen – und staunte nicht schlecht, was das Erdreich freigab: Mauerreste, Scherben, rostige Nägel und vieles mehr, worauf man sich keinen Reim machen konnte. Archäologen wurden beigezogen und gruben professionell, immer mehr interessante Zeugnisse aus der Vergangenheit traten zutage.

Die Funde zu dokumentieren und zu präsentieren lohne sich, befand der Sportartikelhändler und richtete ein Museum ein. Der archäologische Keller erstreckt sich über 300 Quadratmeter und ist nur durch eine Holzdecke vom Geschäftsraum getrennt. Oben kann man sich mit trendiger Skimode, ultraleichten Trekking-Rucksäcken, modernsten Walkingstöcken und zeitlosen Hallstätter Souvenirs eindecken, ein Stockwerk darunter bekommt man in konzentrierter Form einen faszinierenden Einblick in die Vergangenheit des Seeortes geboten.

So belegen etwa Keramikscherben eine mindestens bis in das 5. Jahrtausend v. Chr. zurückreichende Besiedelung Hallstatts. Von uralten Handelsbeziehungen in den norditalienischen Raum kündet auch eine bronzezeitliche Kugelkopfnadel. Die Überreste einer Badeanlage mit Fußbodenheizung dokumentieren Anstrengungen der Römer, sich in den langen Wintern warmzuhalten. Spätmittelalterliche Wohnkultur im damaligen Habsburger Hof illustrieren die Scherben von grün glasierten Ofenkacheln. Die Ruinen der bis Ende des 19. Jahrhunderts betriebenen Salinenschmiede lieferten den Archäologen Informationen über Arbeitstechniken im Salzbergbau. Und für den Besucher nimmt in diesem Sammelsurium von Funden der Alltag Hallstatts in längst vergangenen Zeiten langsam Konturen an.

Adresse Dachsteinsport Janu, Seestraße 50, 4830 Hallstatt, Tel. +43 (0)6134/8298, www.dachsteinsport.at | **Öffnungszeiten** Mo–So 9–18 Uhr (Juli und Aug. länger), die Besichtigung ist zu den Geschäftszeiten möglich und kostenlos | **Anfahrt** B 145, B 166 und L 547 nach Hallstatt, von den Parkplätzen circa 10 Minuten zu Fuß ins Ortszentrum; oder A 10 Ausfahrt 28-Golling, via B 162 und B 166, dann wie oben | **Tipp** Geschichtsfreunde können ihre Eindrücke im Hallstatt-Museum gegenüber vertiefen oder an einer archäologischen Führung im prähistorischen Teil des Salzbergwerks teilnehmen (www.salzwelten.at).

59_Die Kernbank

Sherpas von Hallstatt waren – starke Frauen!

Das Hallstätter Hochtal mit seinem Salzbergwerk gilt als älteste Industrielandschaft der Welt, in der bis heute kontinuierlich produziert wird. Nicht immer waren die Arbeitsbedingungen angenehm. In der Bronzezeit schufteten auch Frauen und Kinder Dutzende Meter unter Tage im trüben Licht von Kienspänen. Und im 19. Jahrhundert, als das Geschäft flau lief, trugen viele Hallstätter Frauen mit Schwerstarbeit zum Überleben der Familien bei. Während sich die Männer zu mickrigen Löhnen im Bergwerk verdingten, schleppten sie schwere Brocken von Kern- beziehungsweise. Steinsalz hinab ins Tal. Ein Job, der auch den Sherpas, den berühmten Lastenträgern im Himalaya, Respekt abgenötigt hätte.

An der Kernbank wird die Geschichte erzählt: Ihre Aufgabe verrichteten die »Kerntragerweiber« mit archaischen Kraxen. Im Hochtal wurden die hölzernen Traggestelle mit 40 und 60 Kilogramm Steinsalzbrocken beladen. Nun galt es, auf dem damals noch um einiges gefährlicheren Weg die Balance zu halten und sich die Kräfte einzuteilen. 500 Höhenmeter hatten sie zurückzulegen, oft zwei Mal am Tag. Ein langer Stock diente als Stütze, auf der steinernen Bank ließ sich die schwere Last abstellen beziehungsweise anlehnen. Ein idyllischer Platz – an der seitlichen Hauswand fällt Efeu herab. Die letzte Rastgelegenheit vor dem Ziel am Seeufer bot Schatten, einige Meter weiter sprudelt eine Quelle. Ausblick gewährt die Kernbank keinen nennenswerten, doch anders als den Touristen von heute ging es den Trägerinnen von anno dazumal nur ums Verschnaufen.

»Hier ruhten die Kerntragweiber, die täglich zweimal schwere Lasten von Kern (Steinsalz) bis zum Jahre 1890 vom Salzberge hinabtrugen«, lautet die Inschrift unter einem Bildnis, das eine gute Ahnung von dem Knochenjob vermittelt. Als das Geschäft mit dem Steinsalz zu wenig abwarf, mussten Hallstatts starke Frauen ihre Kraxen schließlich an den Nagel hängen.

Adresse Dr. Friedrich-Morton-Weg, 4830 Hallstatt, Tel. +43 (0)6134/8208 (Tourismusbüro Hallstatt) | **Öffnungszeiten** ganzjährig frei zu besichtigen | **Anfahrt** B 145, B 166 und L 547 nach Hallstatt, von den Parkplätzen am Ortsrand zu Fuß auf die Seestraße (Ufer), in den Dr. Friedrich Morton-Weg einbiegen und circa 100 Meter gehen | **Tipp** Spazieren Sie weiter und genießen Sie die Aussicht auf den Hallstätter See von der Panoramaplattform am Rudolfsturm.

60_Das Memory of Mankind Archiv

Selfie der Jetztzeit als Gruß in die ferne Zukunft

Informationen über Tausende, ja vielleicht Millionen Jahre zu transportieren, darum bemühen sich die Macher von Zeitkapseln. Das Spektrum reicht von vergrabenen Kisten mit Andenken über versiegelte Betongruften mit Objekten des Alltags bis zu ausgeklügelten Infospeichern wie etwa dem Hallstätter Memory of Mankind Archiv (MoM). Der Initiator Martin Kunze, ein Keramikkünstler, hat das perfekte Trägermedium ausfindig gemacht: glasierte Kacheln. Auf die extrem hitze-, druck- und strahlenbeständigen Keramiktafeln werden Texte und Bilder aufgebrannt. Lange nachdem jegliches Papier zerbröselt, Denkmäler zerbröckelt und die digitalen Info-Fluten von heute, egal ob auf CDs oder in Clouds abgespeichert, sich längst verflüchtigt haben, sollen sie ein greifbares Bild der Welt im 21. Jahrhundert abgeben.

Untergebracht ist das MoM Archiv tief im Salzbergwerk, das selbst eine Zeitkapsel ist. Organische Materialien werden nicht zersetzt, wie die nebenan ausgestellte, 3.500 Jahre alte Holztreppe aus der Keltenzeit zeigt. In ein paar Generationen wird der in Bewegung befindliche Salzberg über die Kisten mit den Keramiktafeln fließen und sie sanft umschließen – bis dieser Kokon des Wissens künftigen Generationen oder auch fremden Kulturen vielleicht wieder zugänglich wird.

Wer an diesem im Aufbau befindlichen »Archiv der Menschheit« mitwirken will, erhält auf Führungen vertiefende Einblicke. Angestrebt wird ein »Selfie der Jetztzeit«: Von akademischem Wissen über abfotografierte Kunstwerke bis zu Blog-Texten erstrecken sich die Inhalte. Auch Privatpersonen steht das MoM offen. Wie wäre es etwa, Erinnerungen an die eigene Hochzeit als Gruß in die ferne Zukunft zu schicken? Handgroße Token aus unverwüstlicher Keramik mit einer aufgedruckten Karte Europas und des Hallstätter Sees sollen dabei helfen, die MoM-Zeitkapsel dereinst wiederzufinden.

Adresse im Hallstätter Salzbergwerk, 4830 Hallstatt, www.memory-of-mankind.com, Tel. +43 (0)699/11162481 | Öffnungszeiten Führungen für Gruppen nach Vereinbarung | Anfahrt B 145, B 166 und L 547 nach Hallstatt, parken bei der Talstation der Salzbergbahn, per Bahn ins Hallstätter Hochtal, dort beginnt die geführte MoM-Tour (warme Kleidung mitnehmen) | Tipp Auch die Führungen durch die Salzwelten, das Hallstätter Schaubergwerk, mit Bergmannsrutschen und der ältesten Holztreppe Europas sind empfehlenswert (www.salzwelten.at).

61 Die Riesenkarstquellen

Wenn der Dachstein gurgelt

Der Kessel an der Straße zwischen Obertraun und Hallstatt ist ein Naturdenkmal mit zwei Gesichtern. An normalen Tagen bietet das etwa acht mal drei Meter große Wasserloch, das sich am Fuße einer von Bäumen umrahmten Felswand auftut, ein idyllisches Bild. Blätter treiben auf der Wasseroberfläche, vom Quelltopf weht ein kühler Hauch. Doch ein paar Mal im Jahr zeigt die Kesselquelle ihr wildes Gesicht – sie kocht über.

Zu tun hat dies mit Ereignissen, die auf der riesigen Dachstein-Hochebene über die Bühne gehen. Entwässert wird der Kalkstock über ein System aus Rissen, Spalten, Klüften und Höhlen. Einige Stunden dauert es, bis das Wasser nach einer Reise über 1.500 Höhenmeter und auf sechs Grad abgekühlt am Nordfuß des Massivs wieder zum Vorschein kommt. Doch bei lang anhaltenden Regenfällen oder starker Schneeschmelze sprengen die Wassermengen die normalen Ablaufkanäle – und die Quellhöhlen werden zu Überlaufventilen.

»Der Kessel geht«, sagen die Einheimischen, wenn der Wasserstand um fünf Meter anschwillt, die Quelle aus ihrer steinernen Einfassung ausbricht und sich plötzlich braune Fluten durch das Bett des Kesselbachs wälzen. Der Ausbruch ist nur von kurzer Dauer. Schon nach wenigen Dutzend Metern mündet der schäumende Wildbach in den Hallstätter See, und auch im Quelltopf ist bald wieder Ruhe eingekehrt.

Einige hundert Meter weiter, bei der Lawinengalerie in Richtung Hallstatt, befindet sich mit dem Hirschbrunn eine weitere dieser periodisch aktiven Riesenkarstquellen, wie sie im Fachjargon heißen. Sein Naturschauspiel zog schon im 19. Jahrhundert Besucher an, wie alte Ansichten zeigen. Seit Langem nutzen unerschrockene Höhlentaucher die Quellen als Einstieg in die Dachstein-Unterwelt. Ein wichtiges Geheimnis haben sie bereits gelüftet: In 65 Meter Tiefe führt eine Verbindung zur Hirlatz-Höhle, der mit 100 Kilometern längsten Höhle im Dachstein-Massiv.

Adresse an der Straße zwischen Obertraun und Hallstatt (L 547), 4830 Hallstatt, Tel. +43 (0)6134/8208 (Tourismusverband Hallstatt) | **Öffnungszeiten** Schneefreiheit vorausgesetzt ganzjährig zu besichtigen | **Anfahrt** B 145, B 166 und L 547 an Hallstatt vorbei Richtung Obertraun, Parkmöglichkeit beim Freibad Hallstatt; der Weg zur Kesselquelle auf der gegenüberliegenden Straßenseite ist ausgeschildert; die Riesenkarstquelle Hirschbrunn liegt circa 200 Meter in Richtung Hallstatt unterhalb der Lawinengalerie | **Tipp** Zu den Quellhöhlen im Tal zählt auch die für den Besuchsverkehr erschlossene Koppenbrüllerhöhle in Obertraun (www.dachstein-salzkammergut.com).

62 Das Gmöser Moor

Bei Wehwehchen aller Art

Das Wort Moor weckt normalerweise recht unangenehme Assoziationen: das Gefängnis von Dartmoor, der Hund von Baskerville … englische Schauergeschichten eben, wo nebelumwabert dunkle Gestalten ihren noch dunkleren Geschäften nachgehen.

Im Gmöser Moor bei Laakirchen sieht die Sache anders aus, denn hier tummelt sich in einem circa drei Hektar großen Naturschutzgebiet eine Vielzahl von Vögeln, Amphibien und Reptilien. Die Brutbedingungen sind ideal, daher kommen Pirol, Storch und Drossel gerne über den Sommer ins Moor, Braunkehlchen und Kleiber machen es sich das ganze Jahr über hier gemütlich. Der ewige Kreislauf der Natur hält eine Fülle von Insekten und Kleintieren bereit, die im Schlamm prächtig gedeihen und den Vögeln ausreichend Nahrung bieten.

Menschen, die Rheuma, Gicht oder Ischias zwickt, erfahren durch das Moor Linderung. Die Entdeckung dieser Heilkräfte ist einer glücklichen Fügung zuzuschreiben: Vor mehr als 100 Jahren stach ein Bauer Torf und merkte, dass seine Gelenksschmerzen durch das Waten im Sumpf schlagartig besser wurden. 1907 hob man das »Cecilienbad« aus der Taufe, wo seitdem mit Torfpackungen und Moorbädern diversen Zipperlein zu Leibe gerückt wird. Gestresste Muskeln werden entspannt und der Körper von bösen Giftstoffen leergeputzt. Eine weitere Annehmlichkeit besteht darin, dass hier kein Kur-Massenbetrieb veranstaltet wird, die Zahl der Gäste ist überschaubar und individuelle Betreuung das Um und Auf.

Wer im Gmöser Moor Flora und Fauna bewundert oder sich den Annehmlichkeiten eines Moorbades hingibt, kann sicher sein, an Körper und Geist erfrischt die Heimreise anzutreten. Hätten die Herrschaften von Baskerville hier ihre Zelte aufgeschlagen, dann wäre es ihnen wohl erspart geblieben, von einer furchterregenden Bestie zerfetzt zu werden … und entsprungene Häftlinge gibt's hier auch nicht.

Adresse 4663 Laakirchen (Moorbad Gmös: Rastorf 10) | **Anfahrt** Westautobahn A 1, Abfahrt Laakirchen und rein ins Naturschutzgebiet, das Gelände ist nicht zu verfehlen! | **Tipp** Wem der Sinn nach innerer Einkehr steht, sollte die Andachtskapelle Gmös mitten im Moorgebiet besuchen.

63 Das Papiermachermuseum

Werkstoff und Mythos

Keilschrift war kompliziert, und einen Brief in den Stein zu klopfen, ganz schön anstrengend. Gottlob wurde das Papier erfunden, Schreiben dadurch immens erleichtert und dem Briefträger viel Arbeit erspart. Heute wird ja fast ausschließlich am Computer getippt und die Kunst der Handschrift vernachlässigt, aber ohne Papier geht gar nichts, es ist und bleibt eine Säule des menschlichen Miteinanders.

In Steyrermühl wurde in einer ehemaligen Papierfabrik an der Traun ein Museum eingerichtet, das dieser Bedeutung gerecht wird und neben der Geschichte auch die Herstellung, Arbeitswelt, Nachhaltigkeit, eben alles rund ums Papier in Szene setzt. Vor einigen Jahren wurden die Räumlichkeiten auf den neuesten Stand gebracht, der Besucher geht nicht durch vollgepackte Hallen, sondern erlebt mittels akustischer und visueller Installationen die Welt des Papiers hautnah. Dieses Kulturgut hat alle technischen Innovationen überstanden und wird hier auf moderne Art präsentiert. Es geht nicht um Belehrung, sondern Interaktion. Die Besucher sind eingebunden, können sich ihren Weg durch das Museum selbst suchen, mit dem Ort kommunizieren und Papier als Werkstoff und Mythos verstehen.

Im Druckereimuseum erlebt man alle Stufen des Buchdrucks, von den revolutionären Anfängen der »schwarzen Kunst« bis zu funktionierenden Maschinen wird alles geboten, und jedermann hat Gelegenheit, selbst Drucksorten herzustellen. Während des Sommers werden in der Galerie »Papierwelten« Künstler und Werke präsentiert, die nicht auf, sondern mit Papier geschaffen werden. Faszinierend, was hier entsteht – von ungewöhnlich gefalteten Gebilden bis zu ganzen Rauminstallationen reicht das Spektrum der Objekte. Wenn nach dem Besuch ein Blatt Papier nicht als gepresster Zellstoff, sondern als Gefährte des Menschen wahrgenommen wird, hat das Museum sein Ziel erreicht.

Adresse Museumsplatz 1, 4662 Laakirchen-Steyrermühl, Tel. +43 (0)7613/3951, papier.druck@papierwelten.co.at, www.papiermuseum.at | **Öffnungszeiten** April–Okt. Di–So 10–16 Uhr, sonst nach telefonischer Voranmeldung | **Anfahrt** Westautobahn A1, Abfahrt Laakirchen, ins Zentrum von Steyrermühl fahren und den Schildern zum Museum folgen | **Tipp** Floriani-Jünger aufgepasst – im gleichen Gebäude gibt es auch ein Feuerwehrmuseum.

64 Die Basilika

Die Pracht der Knochen

2005 war der große Moment gekommen: Papst Johannes Paul II. erhob die Pfarrkirche Sankt Michael in Mondsee zur Basilika minor und krönte das spätgotische Juwel mit dieser seltenen Weihe. Außerdem begannen aufwendige Renovierungsarbeiten an Bauwerk, Altären und Ausstattung, um die Kirche als kulturelles Erbe des Salzkammerguts zu bewahren.

Das Gotteshaus wurde im 8. Jahrhundert vom Bayern Herzog Odilo als Kloster gegründet und lange Zeit von Benediktinern geführt. Nach einer wechselvollen Geschichte – Kriegen, Seuchen und Naturkatastrophen – erlebte Sankt Michael nach 1400 eine neue Blüte und wurde baulich stark verändert. Die Barockzeit, ein Garant für kirchliche Prachtentfaltung, ist, bedingt durch Reformation und Bauernkriege, in Mondsee nicht dominant, doch fünf Altäre des Bildhauers Meinrad Guggenbichler verleihen der Basilika wuchtige Akzente. Der von Hans Waldburger gestaltete Hochaltar stammt aus der Übergangszeit der Renaissance zum Frühbarock und schließt das Hauptschiff torgleich ab.

Eine Besonderheit dieses Meisterstücks ist die große Anzahl von Reliquien – vier liegende Skelette von Katakomben-Heiligen und in ihrer Mitte das Skelett des Abtes Konrad. Sitzend, den Weihestab in Händen, der Schädel vom goldenen Heiligenkranz umstrahlt, ist die Reliquie prachtvoll geschmückt und ein außergewöhnlicher Blickfang. Konrad lebte im 11. Jahrhundert und führte als Abt das Kloster zu wirtschaftlicher Blüte. Aufgrund seines züchtigen Mönchslebens gilt er als Vorbild für alle Ordensbrüder und wurde vom Papst selig gesprochen.

Unter den zahlreichen Kleinoden der Basilika ist besonders das gotische Sakristei-Portal hervorzuheben. Über dem Steintor verjüngen sich geschnitzte Heiligen-Figuren hin zum an der Spitze thronenden Jesus Christus. Nehmen Sie sich viel Zeit zur Besichtigung dieser Kirche – sie ist ein in Stein gehauenes Gesamtkunstwerk.

Adresse Katholische Pfarre St. Michael, Kirchengasse 1, 5310 Mondsee, Tel. +43 (0)6232/41660, pfarre.mondsee@dioezese-linz.at, www.pfarre-mondsee.at | **Anfahrt** Westautobahn A1, Abfahrt Mondsee nehmen und den Schildern ins Zentrum und zur Basilika folgen | **Tipp** Es gibt einen schlichten Beichtraum als Kontrapunkt zur prächtigen Basilika – hier wird man Sünden gerne los.

65 Die Einbäume

Leichtes Oberwasser für einen Bootsklassiker

Sie zählen zu den ältesten Verkehrsmitteln der Menschheit, wurden an vielen Orten gleichzeitig erfunden und sind heute etwa am Amazonas noch eifrig in Gebrauch: Einbäume. Diese »Ur-Boote« aus einem ausgehöhlten Baumstamm verkehrten auch auf den Seen am Nordrand der Alpen, vor allem am Mondsee, und sind gerade im Begriff, ein kleines Comeback zu feiern.

Das historische Erbe wird auf dem Gelände des Mondseer Freilichtmuseums mit mehreren Exemplaren dokumentiert. Imposant, mehr als zehn Meter lang, harren sie im Trockendock der Dinge. Der Mondsee-Einbaum ist genau auf Wind und Wellenverhältnisse am mitunter launischen See und die Nutzung zum Netzfischen ausgelegt. Bis zu 250 Jahre alte Tannen, bei abnehmendem Mond im späteren Herbst gefällt – das waren die Parameter der Einbaum-Bauer, die ihr Wissen auch aus der Tausende Jahre alten Pfahlbaukultur bezogen. Der noch im Wald roh bearbeitete »Prügl« wurde im Wasser versenkt, um widerstandsfähiger zu werden, dann Jahre später bis zu einer Wandstärke von etwa drei Zentimeter »geputzt«.

Um 1700 verkehrten 65 »Schöff« beziehungsweise Einbäume auf dem Mondsee. 1966 hielt man den Bau eines Einbaums und das damit verbundene Brauchtum in einem Film fest – als vermeintlich finalen Abgesang auf ein Verkehrsmittel, das so überhaupt nicht mehr in die moderne Zeit passte. Seit jedoch die Pfahlbaustationen in Oberösterreich zum UNESCO-Welterbe zählen, seit 2011 ist das der Fall, haben auch die Einbäume am Mondsee und am Attersee wieder Oberwasser. Mittels Rekonstruktionen und Demonstrationen wird das schwimmende Relikt erlebbar gemacht. So wird etwa beim jährlichen Pfahlbaufest mit Einbäumen um die Wette gerudert. Dass den sperrigen Booten auch ein touristisches Potenzial innewohnt, ist unverkennbar. Dem Wiederanfang wohnt ein besonderer Zauber inne. Trial and Error ist angesagt – der ein oder andere ging in den Fluten unter …

Adresse Freilichtmuseum Mondseeland, Hilfberg 6, 5310 Mondsee, Tel. +43 (0)6232/2270 (Tourismusverband Mondsee), www.museum-mondsee.at | **Öffnungszeiten** Mai–Sept. Di–So 10–17, Juli, Aug. bis 18 Uhr, Okt. Sa, So und Feiertage 10–17 Uhr | **Anfahrt** A 1 Abfahrt Mondsee, beim Kreisverkehr der Beschilderung Mondseer Bauernmuseum & Freilichtmuseum folgen | **Tipp** Werfen Sie einen Blick in die Hilfbergkirche und genießen Sie die tolle Aussicht über den Mondsee auf Drachenwand und Schafberg.

66 Das Pfahlbaumuseum

Besuch bei Ötzis Zeitgenossen

Seit der Entdeckung der 5.300 Jahre alten Gletschermumie Ötzi im Jahr 1991 hat sich der Schleier über der Jungsteinzeit etwas gelüftet. Im Mondseer Pfahlbaumuseum lässt sich das Bild vom Alltagsleben zu Zeiten Ötzis mit Hilfe annähernd gleich datierter Relikte aus dem Alpenvorland vertiefen und herrlich über so manche Querverbindung spekulieren.

Die Basis der Sammlung bilden die reichen Funde, die an ufernahen Stellen des Mondsees (sowie anderen Voralpenseen) gemacht wurden und einer ganzen Epoche ihren Namen gaben – der Mondseekultur (circa 3800 v. Chr. bis 3200 v. Chr.). Von großem handwerklichen Können zeugen reich verzierte Keramiken sowie kunstvoll geschliffene Beile aus Serpentinit. Metallurgische Techniken beherrschten die Ur-Mondseer früh, wie Gerätschaften zur Kupfergewinnung belegen. Nicht ausgeschlossen scheint, dass Ötzi, der laut Haaranalysen zumindest gelegentlich mit Kupfer arbeitete, die Mondseer Kupferschmiede kannte.

Transalpine Handelsverbindungen belegt eine im Schlick des Sees gefundene Klinge aus Silex, das aus den Lessinischen Bergen bei Verona stammt. Aus derselben Quelle stammt übrigens das Material für den Dolch, den der Mann aus dem Eis mit sich führte. Die Mondsee-Siedler bauten Ur-Getreidesorten wie Emmer und Einkorn an, stellten Biber und Hirsch nach und rundeten ihren Speisezettel mit Wildfrüchten ab. Zu den kuriosen Exponaten zählt ein verkohlter Teigrest, den man mit etwas Phantasie als »Urknödel« interpretieren könnte. Gesichert ist längst, dass die Siedlungen nicht auf Pfählen ruhten, sondern auf einem hölzernen Unterbau am Seeufer.

Eine Klimaänderung samt Anstieg des Wasserspiegels zwang die Ur-Mondseer zum Verlassen ihrer Bauten, hieß es lange. Doch warum ließen sie so viele wertvolle Gegenstände einfach zurück? Vor Kurzem kam die Theorie auf, ein katastrophaler Bergsturz mit anschließendem Tsunami könnte die Mondseekultur ausgelöscht haben.

Adresse Mondseeland- und Österr. Pfahlbaumuseum, Marschall-Wrede-Platz 1, 5310 Mondsee, Tel. +43 (0)6232/2270 | Öffnungszeiten Mai–15. Juni Di–So 10–17 Uhr; 17. Juni–7. Sept. Di–So 10–18 Uhr; 9. Sept.–Anfang Okt. Di–So 10–17 Uhr; 11.–26. Okt. Sa, So und Feiertag 10–17 Uhr | Anfahrt A1 Abfahrt Mondsee, beim Kreisverkehr die Ausfahrt Mondsee Nord nehmen und der Beschilderung Parkplatz Zentrum folgen, neben dem Eingang zur Basilika befindet sich das Museum | Tipp Für ihre hausgemachten Torten und Kuchen ist die Café-Konditorei Braun am Marktplatz 7 weit über Mondsee hinaus bekannt (Fr. Ruhetag).

67 Das Salzkammergut-Lokalbahn-Museum

Ein Fest für Schmalspur-Enthusiasten

Nicht viel ist von dem Verkehrsmittel übrig geblieben, das am Wolfgangsee gerne mit der »guten alten Zeit« in Verbindung gebracht wird: die Salzkammergut-Lokalbahn (SKGLB) oder Ischlerbahn, die von 1894 bis 1957 zwischen der Mozartstadt Salzburg und Bad Ischl auf einer Spurweite von 760 Millimetern verkehrte. In Mondsee, Endpunkt einer 3,5 Kilometer langen Nebenlinie, halten Enthusiasten die Erinnerung an das nostalgische Gefährt in einem sehenswerten Museum aufrecht.

Prunkstücke der Schau im ehemaligen Heizhaus sind drei Loks, die einst auf der Ischlerbahn verkehrten. Die schwarzen Dampfrösser, auf Hochglanz poliert und betriebsfähig konserviert, werden zu besonderen Anlässen ins Freie gerollt.

Nostalgie pur verströmt ein 1906 gebauter und originalgetreu rekonstruierter Salonwagen, den kein geringerer als Kaiser Franz Joseph während seiner Ischler Sommerurlaube benutzte. Polstermöbel, ein Adjutantenabteil und eine Toilette verliehen den Schienen-Exkursionen des Monarchen Stil, das einfache Volk sah das schöne Salzkammergut aus Waggons der Holzklasse vorbeiziehen. Signalanlagen, Stationsschilder, Originaluniformen, Schaffnerpfeifen, Plakate und ungezählte Fotos rufen bei älteren Besuchern ein Stück Eisenbahngeschichte in Erinnerung, während jüngere eher auf die Modellbahnanlage nebenan abfahren.

Seit einiger Zeit gibt es Überlegungen, die Salzkammergut-Lokalbahn in modernem Gewand wieder auferstehen zu lassen und in das Salzburger S-Bahnsystem zu integrieren. Realistischer erscheint jedoch der Vorschlag, einen kurzen Streckenabschnitt der altehrwürdigen Ischlerbahn als Touristenattraktion zu reaktivieren. Für die originale Ausstattung, angefangen bei Loks und Waggons, müsste man nur im SKGLB-Museum Nachschau halten!

Adresse Seebadstraße 2, 5310 Mondsee, Tel. +43 (0)664 3406 020, www.museum-mondsee.at | **Öffnungszeiten** circa Ende Mai–erste Sept.-Hälfte, Sa, So und Feiertag 14–17 Uhr, Juli–Anfang Sept. auch Fr 14–17 Uhr | **Anfahrt** A 1 Abfahrt Mondsee, weiter auf B 154 Richtung Süden/Zentrum und weiter in Richtung Strandbad, das Museum ist ausgeschildert | **Tipp** Gehen Sie auf Erkundungstour – von Ostern bis Ende Oktober finden regelmäßig Rundfahrten auf den Schiffen der Mondseeflotte statt (www.mondsee-schifffahrt.at).

68 Der Wildholzweg

Bruder Baum kann alles

Spätestens seit der deutsche Förster Peter Wohlleben mit »Das geheime Leben der Bäume« einen Sachbuch-Bestseller landete, werden die Herrscher der Wälder in unseren Breiten mit etwas anderen, staunenden Augen gesehen. Dass Bäume über ihr Wurzelgeflecht – das »Wood Wide Web« – miteinander »plaudern«, einander über Pilznetzwerke mit Nährstoffen aushelfen und sogar »Freundschaften« schließen, klingt für die einen faszinierend, für andere etwas übertrieben und esoterisch angehaucht. Doch dass Bruder Baum viel mehr ist als eine bloße Nutzpflanze zum Häuserbauen, Kunsttischlern und Heizen, das ist gewiss.

Der Wildholzweg in Nußdorf lüftet einige Geheimnisse um diese Wunderwerke der Natur. Erlebnisstationen und Skulpturen stellen die Persönlichkeiten aus der Familie von Bruder Baum vor. Man erfährt, welche Klänge die verschiedenen Hölzer von sich geben. Längst nicht alles an Nutzungsvarianten ist allgemein bekannt. Oder wussten Sie, dass die Buche auch schicke Kleidung macht? Mit einem speziellen Verfahren werden aus Zellstoff, einer Baum-Grundsubstanz, Viskosefasern gewonnen und zu feinem Blusenstoff weiterverarbeitet – »Baumwolle« im ursprünglichen Sinn des Wortes!

Wissenschaftlich abgesichert ist, was viele Menschen in ihrem Innersten wissen. Der Wald reduziert Stress und hebt die Stimmung. Einklinken in das Waldorchester, das Auge berauscht sich an der Symphonie von Grüntönen, sauerstoffreiche Luft füllt die Lungen, in die Nase steigt das würzige Bukett von Harz. All das beruhigt die Nerven. Wer eine Ader für die Wunder der Natur hat, kann auf dem Themenweg herrlich entschleunigen. Unter einem Spalier von Laubbäumen führt das Schlussstück zum Pfarrer Salettl, einem „Glücksplatz“ mit Panoramablicken auf den Attersee. Stollen, Hochstand und eine Schauwerkstatt mit Geräten aus der Holzknechte-Ära sorgen dafür, dass auch bei den jungen Wanderern keine Langeweile einkehrt.

Adresse 4865 Nußdorf am Attersee, Tel. +43 (0)7666/7719-40 (Infobüro Nußdorf), www.wildholzweg.com | **Öffnungszeiten** ganzjährig außer bei Schneelage zu begehen, am schönsten im späten Frühling | **Anfahrt** B 151 nach Nußdorf, zentrumsnah parken, Ausgangspunkt ist das Gemeindeamt/Info-Büro | **Tipp** Ebenfalls von Nußdorf Zentrum geht es auf dem Westwanderweg zur romantisch gelegenen Reiserbauernmühle im Ortsteil Ramsau.

69_Der Ai-Weiwei-Stein

Im Kulturaustausch mehr klotzen als kleckern

Fünf Meter fehlen dem Hohen Dachstein auf den Dreitausender. Und oben, am höchsten Punkt des Salzkammerguts, findet sich unter vielen Steinblöcken auch ein vier Tonnen schwerer Brocken aus … China! Richtig gelesen, aus dem Reich der Mitte und vom bekanntesten chinesischen Gegenwartskünstler Ai Weiwei persönlich ausgesucht.

Zu tun hat dies mit dem steirischen Kulturfestival »regionale 10«. Die Initiatoren hatten Ai Weiwei um einen Beitrag gebeten. Der schickte einen Steinblock, der im Juli 2010 die letzte Etappe an seinen neuen Platz per Hubschrauber bewältigte.

Der Regimekritiker nützte das Projekt, um an die Erdbebenkatastrophe 2008 in Sichuan zu erinnern. Dabei waren 100.000 Menschen ums Leben gekommen, darunter viele Kinder, die von den Trümmern ihrer einstürzenden Schulen erschlagen wurden. Ai Weiweis Bemühungen um Aufklärung verliefen im Sand. So transportiert der Felsen, der beim Erdbeben ins Tal gedonnert war, Kritik an den Behörden und lässt sich als Mahnmal interpretieren. Er thematisiere aber auch die Gleichgültigkeit der Natur, so der Künstler. Besonders ausgewiesen ist er auf Wunsch Ai Weiweis nicht. Wegen seiner regelmäßigen Oberfläche nutzen Dachstein-Bezwinger den vermeintlichen 08/15-Stein gern als Jausentisch.

In die Rubrik »Klotzen, nicht kleckern« lässt sich eine weitere skurrile Episode im österreichisch-chinesischen »Kulturaustausch« einordnen. In der südchinesischen Stadt Boluo hat ein Konzern im Jahr 2012 eine komplette Kopie des Weltkulturerbe-Ortes Hallstatt samt Marktplatz, Kirchturm und künstlichem See aus dem Boden gestampft. Anfangs wenig amüsiert, nehmen die Hallstätter den Klon-Versuch mittlerweile gelassen. »Millionenfach fotografiert – einmal kopiert – nie erreicht«, wirbt das echte Hallstatt auf seiner Webseite. Und dass das Double viele Besucher aus dem Reich der Mitte an den Originalschauplatz gelockt hat, ist bei einem Ortsbummel unverkennbar.

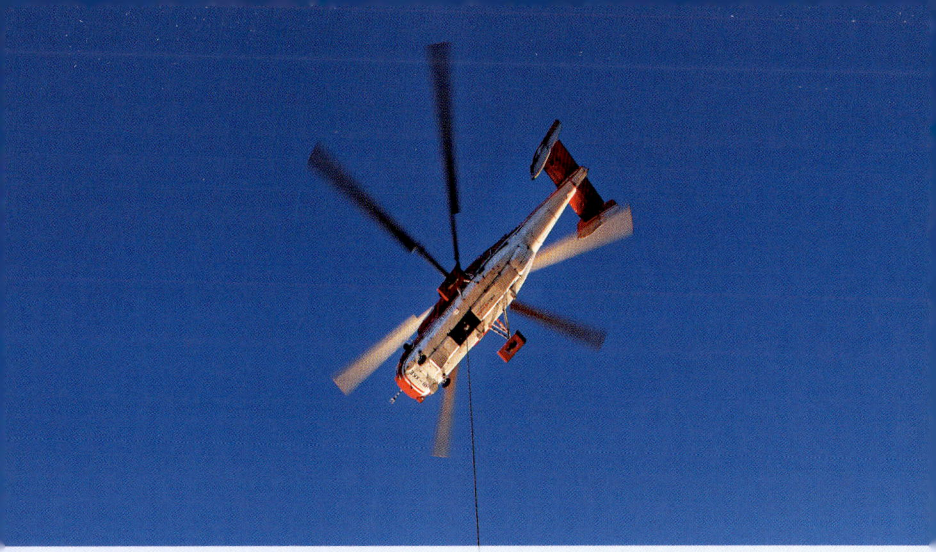

Adresse Hoher Dachstein, 4831 Obertraun und 8972 Ramsau, Tel. +43 (0)3687/81833 (TVB Ramsau), www.derdachstein.at | Öffnungszeiten in den Sommermonaten | Anfahrt B 320 und Landesstraßen nach Ramsau Steiermark, von wo über die Bergstation der Dachstein-Gletscherbahn der »leichteste« Anstieg erfolgt; alternative Anstiege über Obertraun oder Hallstatt; die Tour erfordert alpinistische Grundkenntnisse, Seilsicherung, Schwindelfreiheit und gutes Wetter | Tipp Der Bergführer Herbert Raffalt (Tel. +43 (0)664/ 8980895, www.raffalt.com) bietet Unterstützung bei der Dachstein-Bezwingung. Nervenkitzel versprechen auch die »Treppe ins Nichts« und eine Hängebrücke an der Bergstation der steirischen Dachstein-Seilbahn.

70 Der Campingplatz am See

»Glamping« im Gipsy-Roulotte

Zelt, Wohnmobil, Caravan: Die Optionen der Unterkünfte auf dem Campingplatz sind auch im Salzkammergut begrenzt. In Richtung »Glamping« – also glamouröses Camping – geht allerdings ein Platz am Südufer des Hallstätter Sees, wo als romantische Hideaways stilvoll restaurierte Roulottes aus Holz zur Verfügung stehen. Sinti und Roma zogen einst mit solchen von Pferden gezogenen Wagen durch die Lande, aber auch Schausteller, Zirkusleute, Bohemiens und Aussteiger schätzten die fahrbaren Unterkünfte.

Mit viel Herzblut haben die Campingplatz-Betreiber – eine Kunstrestauratorin und ein Kunsthistoriker – sechs in Frankreich erworbene »Gipsy-Roulottes« zu Refugien für all jene gestaltet, die am Busen der Natur unterkommen, aber dennoch einen Hauch Extravaganz nicht missen möchten. Unter den gewölbten Dächern finden sich aufwendige Schnitzereien, Himmelbetten, edle Tapeten, originale Möbel und phantasievolle Kuriositäten abseits von Kitsch. »Django« etwa, ein Art-déco-Sammlerstück aus den 1930er Jahren, das einst der Familie von Django Reinhardt gehörte, ist mit Eichen- und Mahagonihölzern sowie geschliffenen Fensterscheiben besonders wohnlich ausgestattet. Das Modell trägt die Handschrift eines Designers, der auch Waggons für den Orientexpress entworfen hat.

Die bunt bemalten Unikate setzen Ausrufungszeichen in der Landschaft. Eine Spur anders ist auch der Rest des Camping-Platzes. Arkaden, Steintreppen und Terrakotta-Töpfe versprühen mediterranes Flair. Große Rasenflächen stehen frei, um den Parkcharakter der Anlage zu wahren. Für klassische Camper finden sich in Ufernähe lauschige Stell- oder Zeltplätzchen mit Blick auf Hallstatt. Abends kann man sich in einer Bar-Lounge bei jazzigen Tönen und Chill-out-Musik entspannen. Ein Kaminfeuer verbreitet behagliche Wärme. Und bei einem Tropfen aus dem exzellent bestückten Weinkeller klingt der Tag stilvoll aus.

Adresse Camping am See, Winkl 77, 4831 Obertraun, Tel. +43 (0)6131/265, www.camping-park-am-see.at | **Öffnungszeiten** Mai–Ende Sept. täglich | **Anfahrt** B 145, B 166 und L 547 an Hallstatt vorbei Richtung Obertraun, das Ziel befindet sich am Südende des Sees | **Tipp** Abwechslungsreich präsentiert sich der Talwanderweg von Obertraun zur Koppenwinkellacke und zur Koppenwinkelalm. Bei einer Führung durch die Koppenbrüllerhöhle (Mai–Sept.) folgt man einem unterirdischen Wasserlauf.

71 Das Dachstein-Gletscherpanorama

Schnell, schnell … es schmilzt dahin!

Wolkenfetzen jagen um die dunklen Spitzen des Dachstein-Massivs. Links schmiegt sich der Schladminger Gletscher an die Wände des Hohen Koppenkarstein. In der Mitte drängt sich der Riegel des Hohen Gjaidstein (2.794 Meter) in den Vordergrund; das Auge wandert weiter zum Hallstätter Gletscher, der sich als weißer Kragen an den Niederen und Hohen Dachstein schmiegt und seine frostigen Ausläufer bis auf 2.200 Meter hinabschickt.

Der Blick vom Hohen Krippenstein nach Süden gilt als eines der klassischen Panoramen der Alpen. Was daran außergewöhnlich ist? Ganz einfach: Der Klimawandel macht daraus ein Panorama mit baldigem Ablaufdatum.

Ortskundige Bergführer und Skilehrer geben dem Hallstätter Gletscher nur mehr 15 bis 20 Jahre. Dann werden seine Eispanzer, abgesehen von kümmerlichen Überresten, abgeschmolzen sein und die Bilder glitzernder Eisfelder ins Reich der Erinnerung eingehen. Dasselbe Schicksal drohe auch dem Schladminger Gletscher und dem Gosau-Gletscher.

Gletscherschwankungen sind kein neues Phänomen. Vor mehr als 20.000 Jahren, am Ende der letzten Eiszeit, reichten die Dachstein-Eisriesen bis ans Nordende des Traunsees. Noch nie seit Menschengedenken war die Situation allerdings so kritisch wie heute, bestätigen Untersuchungsreihen. Volumen, Länge, Fläche – alle Parameter bewegen sich im dunkelroten Bereich. 1856 noch 5,3 Quadratkilometer groß, büßte der Hallstätter Gletscher seither gut 50 Prozent seiner Fläche ein. Einen traurigen Rekord markierte das Jahr 2011, als er Masse im Ausmaß von mehr als sechs Millionen Kubikmeter Wasser verlor. Im gegenwärtigen Zyklus von Temperaturzunahme und geringeren Niederschlägen gehört der Eisschild bald der Geschichte an, meinen auch Glaziologen. Genießen Sie den Anblick!

Adresse Aussichtspunkt WeltNATURerbeblick am Krippenstein, 4831 Obertraun, Tel. +43 (0)50/140, www.dachstein-salzkammergut.com | **Öffnungszeiten** zu den Betriebszeiten der Dachstein-Seilbahn, Mai–Ende Okt. | **Anfahrt** B 145, B 166 und L 547 zum Südende des Hallstätter Sees und weiter zur Talstation der Dachstein-Seilbahn (L 1290/Winkl); der WeltNATURerbeblick liegt fünf Minuten von der Bergstation Krippenstein (2. Teilstrecke der Dachstein-Seilbahn) entfernt | **Tipp** Mehr Eis zu sehen gibt es in der monumentalen Dachstein-Eishöhle auf der Schönbergalm (1. Teilstrecke der Dachstein-Seilbahn)

72 Die Five-Fingers-Plattform

Nichts für schwache Nerven

Höhenangst ist ein Gefühl, das manche schon in der Mitte einer Treppe anspringt. Sollten auch Sie zu dem zu Akrophobie neigenden Teil der Menschheit gehören, dann vermeiden Sie es tunlichst, den Five Fingers nahe zu kommen, geschweige denn sich auf die Panorama-Plattform am Krippenstein hinauszuwagen!

Wie die gespreizten Finger einer Hand schieben sich beim sogenannten Pionierkreuz fünf Metallstege über den Steilabfall der Krippenstein-Nordwand. 400 Meter geht es in die Tiefe. Den Hallstätter See, der weit im Hintergrund dunkel in seinem Trog schimmert, trennen schon ganze 1.500 Höhenmeter von den Five Fingers. Die Häuser von Hallstatt, die Schiffe am See – alles auf die Größe von Lego-Bausteinen geschrumpft.

Jetzt tief Luft geholt und hinaus auf den ersten der vier Meter langen Stege. Der Bilderrahmen an der Fingerspitze bietet sich für ein Erinnerungsfoto vor dem Hintergrund der Welterbe-Region Hallstatt/Dachstein an. Im Angesicht des Schreckens lächeln – das hält das Schwindelgefühl im Rahmen.

Am zweiten Finger von links ist's mit der Contenance vorbei. Statt auf solidem Stahl bewegen sich die Füße auf Glas – und der Begriff Tiefenschärfe gewinnt eine ganz neue Bedeutung. Der Mittelfinger ist nicht Teil der Mutprobe. Er ist masochistischen Basejumpern vorbehalten, die das Gefühl des freien Falls auskosten wollen, bevor sie im letzten Moment die Reißleine ihres Fallschirms ziehen. Finger Nummer vier treibt dafür den Adrenalinpegel wieder in die Höhe. Schuld daran hat ein furchterregendes Tiefen-Guckloch.

Wem die Panoramen auf gleicher Höhe mehr zusagen, könnte sich stattdessen gleich hinter das Fernrohr klemmen, das am fünften Finger installiert wurde. Huch, das war doch beim letzten Besuch noch da – ist es gar abgestürzt und ziert als Metallschrott den Fuß der Wand? Eine Vorstellung, die einem glatt wieder den Boden unter den Füßen wegziehen könnte …

Adresse Hoher Krippenstein, beim Pionierkreuz, 4831 Obertraun, Tel. +43 (0)50/140, www.dachstein-salzkammergut.com | **Öffnungszeiten** zu Sommerbetriebszeiten der Dachstein-Seilbahn (Mai–Ende Okt. täglich) | **Anfahrt** B 145, B 166 und L 547 zum Südende des Hallstätter Sees und weiter zur Talstation der Dachstein-Seilbahn (L 1290/Winkl); die Plattform liegt 15 Gehminuten von der Bergstation Krippenstein entfernt | **Tipp** Beachtung verdienen die Infotafeln am Wanderweg zu den Five Fingers – sie informieren über Überlebenskünstler am Berg, Karstphänomene und vieles mehr. Achtung: Das Ziel befindet sich in alpinem Gelände – gutes Schuhwerk und warme Kleidung sind erforderlich.

73 Die Heilbronner Kapelle

Erinnerung an die Dachstein-Bergtragödie von 1954

Es ist der Gründonnerstag des Jahres 1954. Drei Lehrer und zehn Schüler aus Heilbronn machen sich von Obertraun zu einer Tour ins Dachsteinmassiv auf. Die Erzieher schlagen alle Warnungen vor einem Schlechtwettereinbruch in den Wind. Auf dem Dachstein-Plateau geraten die Wanderer in einen Schneesturm, kommen vom Weg ab und erfrieren. Die Suchaktion ist aussichtslos – erst sechs Wochen später wird der letzte Tote geborgen.

An die Bergtragödie erinnert, wenige Gehminuten von der Bergstation Krippenstein entfernt, die Heilbronner Kapelle. Es ist ein Ort des Innehaltens, den auch 60 Jahre nach der Katastrophe Angehörige und Klassenkameraden der Toten am Karfreitag besuchen. Heller Naturstein verleiht dem Gotteshaus ein stabiles Rückgrat gegen die Winde, die oft mit unbändiger Kraft über die Hochebene fegen. Die Glocke im schindelverkleideten Türmchen hat die Stadt Heilbronn gespendet.

Wer die Tür hinter sich zuzieht, den nimmt die eindringliche Atmosphäre der Gedenkstätte gefangen. Nur spärlich fällt Licht durch die bunten Glasmosaiken. Kein Laut dringt in das schlichte Innere. Im Außenbereich erinnern Gedenktafeln an weitere Opfer, die der Berg gefordert hat.

Eineinhalb Stunden Fußmarsch entfernt markiert das Heilbronner Kreuz am östlichen Ende des Dachstein-Plateaus jene Stelle, an der die meisten Opfer des Dachstein-Unglücks gefunden worden sind. Die Landschaft, die man hier auf einem gut ausgebauten Karstlehrpfad durchmisst, ist so karg, wie ihr Name »Am Stein« suggeriert. Man wandert durch Mulden und Senken, vorbei an scharfkantigen Karren, mächtigen Karsttischen und Latschen, die der Wind geknechtet hat. Eine Welt aus grauem Kalk, flankiert von schönen Blicken auf die Gipfelwelt des Dachstein-Massivs. Orientierungspunkte gibt es wenig, wenn der Nebel sich über das Plateau legt. Das einsam stehende Kreuz mahnt zu Recht Respekt vor der Natur ein.

Adresse Am Hohen Krippenstein (Bergstation Dachstein-Seilbahn), 4831 Obertraun, Tel. +43 (0)50/140, www.dachstein-salzkammergut.com | **Öffnungszeiten** zu den Sommerbetriebszeiten der Dachstein-Seilbahn, Mai–Ende Okt. | **Anfahrt** B 145, B 166 und L 547 zum Südende des Hallstätter Sees und weiter zur Talstation der Dachstein-Seilbahn (L 1290/Winkl); das Ziel liegt fünf Gehminuten von der Bergstation Krippenstein (2. Teilstrecke der Dachstein-Seilbahn) entfernt | **Tipp** Vom Heilbronner Kreuz kann man den Rundweg in westlicher Richtung zur Gjaidalm fortsetzen, sich stärken und schließlich mit allen drei Teilstrecken der Seilbahn wieder ins Tal abfahren. Achtung: Das Wetter kann rasch umschlagen – eine gute Ausrüstung ist für die Tour unabdingbar.

74 Das Bartlhaus

Am Anfang war das Wort

Die Neuzeit wird durch den Fall Konstantinopels und die Entdeckung Amerikas markiert – doch die wohl größte Veränderung brachte die Erfindung des Buchdruckes durch Johannes Gutenberg. Diese revolutionäre Methode der Vervielfältigung durch Druckerpressen führte zur Verbreitung von Schriften, die im Mittelalter nur einer hauchdünnen Elite vorbehalten waren, und der Weg zu egalitären Gesellschaften war geebnet.

Diesem Quantensprung der Geschichte ist in Pettenbach das Schriftmuseum gewidmet, an der Fassade des Hauses künden Lettern von der Wirkmächtigkeit der Buchstaben, im Inneren des Museums tut sich eine Welt der Schriften, Schreibgeräte und Druckwerkzeuge auf. Hier gibt es ein Skriptorium, in der man historische Schriften besichtigen und erlernen sowie eine Werkstatt, in der jeder Besucher an der Druckerpresse selbst Hand anlegen kann. Den großartigen Kalligraphen Leopold Feichtinger und Friedrich Neugebauer sind zwei umfangreiche Sammlungen gewidmet, die sich von Goethes Faust bis zu Hölderlins Hyperion erstrecken.

Außerdem bietet das Museum eine mit viel Liebe zusammengetragene Auswahl von Ex Libris: Diese Besitzvermerke für Bücher sind Miniaturen der Lithographie, des Holzschnitts, Siebdrucks und Kupferstichs. Die kleinen Kunstwerke haben persönliche Note, sind voller Poesie und ihre Vielzahl lässt erkennen, wie weltumspannend die Kraft der Literatur ist. Ergänzt wird dieser Abriss der Kulturgeschichte dreimal jährlich von Kalligraphie-Ausstellungen zeitgenössischer Künstler, die ständig neue Wege der Schriftzeichen gehen.

Haben Sie schon einmal probiert, das Wort »Lietarut« in Ihr Mobiltelefon einzugeben? Daraus macht der Computer »Literatur«, und schwupps kann man Rechtschreibkenntnisse als obsolet betrachten! Bitte, bitte nicht, sondern nach Pettenbach fahren und Kraft und Dynamik des Wortes in Geist und Seele aufnehmen.

Adresse Schrift- und Heimatmuseum Bartlhaus, Museumstraße 16, 4643 Pettenbach, Tel. +43 (0)7586/727418 oder +43 (0)664/3293705, kontakt@bartlhaus.at, www.bartlhaus.at | **Öffnungszeiten** Mai–Okt. Sa 14–17 Uhr, So, Feiertage 10–12 Uhr | **Anfahrt** auf der A 9 die Ausfahrt Ried im Traunkreis nehmen und auf der B120 Richtung Pettenbach fahren, das Bartlhaus liegt im Ortszentrum | **Tipp** Sie können sich in Pettenbach in den »Genuss am Almfluss« einklinken – dieser Weitwanderweg führt durchs idyllische Almtal.

75 Der Bauernhügel

Mit Sensen und Dreschflegeln

Der Dreißigjährige Krieg war einer der schrecklichsten der Menschheitsgeschichte. Ganze Landstriche wurden entvölkert, und der Kampf um den wahren Glauben zwischen Katholiken und Protestanten war an Härte und Gnadenlosigkeit nicht zu überbieten. Die Fronten wechselten ständig, gewissenlose Söldner verdingten sich bei jedem Herren, der genug zahlte, und schreckten nicht davor zurück, hemmungslos zu plündern und den Menschen das letzte Hemd zu rauben. »Der Krieg muss den Krieg ernähren.« – Wallensteins Worte trafen besonders die Bauern, welche unter der Knute der Landsknechte furchtbar bluteten.

Als Kaiser Ferdinand II. Oberösterreich 1620 an Bayern verpfändete, zog Adam Graf von Herberstorff als Statthalter ein und hielt ein grausames Strafgericht über Bauern, die ihren protestantischen Glauben behalten wollten. Diese Untat ging als »Frankenburger Würfelspiel« in die Geschichte ein, wo Männer gegeneinander um ihr nacktes Leben spielen mussten. Aus der Empörung wurde blanke Wut und führte schlussendlich 1626 zum Bauernkrieg im Land ob der Enns.

Um den Anführer Stefan Fadinger scharten sich tausende Landsleute, mit Sensen und Dreschflegeln bewaffnet, um sich der bayerischen Gewaltherrschaft zu widersetzen. Gegen die feindlichen Truppen wurden Anfangserfolge gefeiert, doch bessere Bewaffnung und die Taktik des Bayern-Generals Pappenheim führten bei der Schlacht von Pinsdorf zur Vernichtung des Bauernheeres. Der Überlieferung nach fielen 2.000 Getreue Fadingers, die Leichen wurden auf einen Haufen geworfen und notdürftig mit Erde bedeckt. Heute gemahnen an dieser Stelle der »Bauernhügel« und ein Gedenkstein, der im 19. Jahrhundert gespendet wurde, an dieses Gemetzel des Dreißigjährigen Krieges. Der Hügel wurde als Wahrzeichen in das Wappen der Stadt Pinsdorf aufgenommen und darauf eine Linde gepflanzt – heute ist sie ein prächtiger Baum und bekrönt würdevoll den Hügel.

Adresse Gmundner Straße 43, 4812 Pinsdorf (Parkplatz vorhanden) | **Anfahrt** Westautobahn A 1, Abfahrt Regau, Richtung Gmunden nach Pinsdorf ins Zentrum und von dort in die Gmundner Straße fahren | **Tipp** In der Pfarrkirche Altmünster ist die Grabstätte Graf Herberstorffs zu besichtigen.

76 Die Johanneskapelle

Die verkehrte Welt

Die Traungauer, besonders ihr Markgraf Ottokar III., waren fromme Leute, daher liegt die Vermutung nahe, dass er es war, der um 1100 die Johanneskapelle auf einer Anhöhe östlich von Pürgg errichten ließ. Das Gotteshaus ist klein und ein typisches Beispiel für den romanischen Baustil im Salzkammergut, es besteht aus einem einzigen Saal, dem ein Chorquadrat eingezogen ist.

Nachdem der letzte Traungauer sein Leben ausgehaucht hatte, wurde das Kirchlein zu einer Gedächtnisstätte und diente ab der Zeit des Barock als Kalvarienberg-Station. Von außen unscheinbar, eröffnet sich im Innenraum Erstaunliches: Eine wahre Fundgrube an prächtigen Fresken bedeckt die Wände – ausgeführt wurden sie vermutlich um 1160, denn die stilistische Ähnlichkeit des damals tonangebenden Salzburger Kunstkreises ist offensichtlich. Viele der Darstellungen sind sogar noch älteren Ursprungs und haben eindeutig islamische Wurzeln. So befinden sich am Durchgang zum Altar arabische Schriftzeichen, die als Impression von einem Kreuzzug gedeutet werden können.

Herausragend und rätselhaft ist ein Fresko, das einen Krieg zwischen Katzen und Mäusen zeigt. Die Nager verteidigen eine Burg vor den Katzen, die sich mit Schildern gesichert den Mauern nähern. Unzählige Kunsthistoriker haben über die Bedeutung nachgedacht – eine Conclusio gibt es nicht, nur so viel: Beim berühmten Tierfabelschreiber Aesop ist das Motiv des Krieges zwischen Katzen und Mäusen eine Parabel auf den Kampf Stark gegen Schwach.

Die Kapellen-Malerei ist natürlich eine Momentaufnahme, wer die Schlacht gewinnt, bleibt im Ungewissen. Aber allein dass die Mäuse Burgherren und die Katzen angriffslustige Habenichtse sind, entwirft das Bild einer verkehrten Welt. Normalerweise sitzen Kater ja dick und saturiert, vollgefressen mit Kitekat auf der Ofenbank, während die armen Mäuse in freier Natur um die tägliche Existenz kämpfen müssen.

Adresse 8951 Pürgg-Trautenfels | **Anfahrt** A 9 Abfahrt Liezen, auf der B 320 nach Stainach, dort auf die B 145 in Richtung Pürgg abbiegen und auf den Hügel zur Kapelle fahren | **Tipp** Das Schloss Trautenfels befindet sich in Sichtweite der Kapelle und ist ebenfalls einen Besuch wert.

77__Der Schafkäseautomat

Selbst ist der Feinschmecker

Schokoriegel und Kekse, Chips und gekühlte Softdrinks – der kulinarische Bogen an den Snack-Automaten dieser Welt ist ziemlich einheitlich und eintönig. Umso erfreulicher, wenn, wie am Wolfgangsee, einer der mechanischen Appetitstiller zur Abwechslung einen der größten Leckerbissen der Region in Opulenz offeriert: Die Rede ist vom Schafkäseautomaten am Bio-Bauernhof Seegut Eisl.

Bestückt sind die Fächer mit jenen Bio-Schafmilchspezialitäten, für die die Familie Eisl in den vergangenen Jahren mit Auszeichnungen überhäuft worden ist. Hier lacht einen der Wolfgangsee Schafkäse an, ein milder Frischkäse in Rollenform. Der Leckerbissen ist auch im Kräutermantel zu haben, etwa in Kürbiskern- oder in Pfeffer-Paprika-Hülle. Das Frühstück an den Campingplätzen der Umgebung macht ein cremiges Schafmilchjoghurt so richtig zum Genuss. Um den Magen zu schließen, empfiehlt sich ein Happen Dessertkäse, gesüßt mit biologischem Blütenhonig und gewälzt in gehackten Bio-Mandeln. Aus dem Automaten ziehen kann man sich etwa Bio-Fruchtmolke von der Schafmilch, veredelt mit Mango oder Johannisbeere. Allein beim Anblick der Köstlichkeiten läuft einem das Wasser im Mund zusammen.

Wann immer am Wolfgangsee ein Strandpicknick mit Blick auf den Schafberg gegenüber geplant ist oder ein Feinschmecker-Essen ansteht, empfiehlt sich ein Abstecher. Der Schlemmerautomat ist rund um die Uhr in Betrieb, etwa von Anfang März bis Ende Dezember, dann kümmern sich die gut 140 Milchschafe um den Nachwuchs. Einen Hofladen zu betreiben wäre zu personalintensiv – und mit dem Genuss-Automaten haben die Schafmilch-Spezialisten mehr Zeit, um ihrer Arbeit in der kleinen Hofkäserei nachzugehen. Neu im Angebot sind seit 2017 die köstlichen Eissorten aus Bio-Schafmilch. Wegen der notwendigen Kühlleistung ist hierfür eine Extra-Gefriertruhe aufgestellt worden.

Adresse Seegut Eisl, Farchen 24, 5342 Abersee/St. Gilgen, Tel. +43 (0)6227 3234, www.seegut-eisl.at | Öffnungszeiten rund um die Uhr zugänglich | Anfahrt B 158 nach St. Gilgen, weiter in Richtung Abersee/Strobl, bei Farchen in Richtung See abbiegen, das Seegut Eisl ist ausgeschildert | Tipp Im Seegasthof Gamsjaga an der B 158 zwischen St. Gilgen und Strobl versteht man sich auf Fisch- und Wildgerichte, die Seeterrasse könnte schöner nicht sein (Gamsjaga 2, 5342 St. Gilgen, www.gamsjaga.at, März–Dez. Mi Ruhetag, im Mai auch Do geschlossen).

78 Das Museum Zinkenbacher Malerkolonie

Sommerfrischler aller Farben, vereinigt euch!

Ein Stockwerk im Kulturhaus von St. Gilgen wird Sommer für Sommer zu einer musealen Plattform für einen in Vergessenheit geratenen Künstlerkreis der Zwischenkriegszeit: die Zinkenbacher Malerkolonie. Mehr als zwei Dutzend Maler und Grafiker werden der losen Gruppierung zugerechnet, einige gehörten der Wiener Secession an, andere dem Hagenbund.

An ihrer Wiege stand der Wiener Maler Ferdinand Kitt (1887–1961), der im Jahr 1927 erstmals befreundete Künstler einlud, mit ihm den Sommer in St. Gilgen zu verbringen. Günstiges Quartier bot der Adambauer im Ortsteil Zinkenbach. Man inspirierte einander, genoss die Sommerfrische und ging mit dem »Malschiff« auf Motivsuche. Die politischen Gräben der Ära spielten keine Rolle, obwohl dem Kreis Monarchisten, Kommunisten und völkisch inspirierte Künstler angehörten.

Dass sich Zinkenbach nicht zu einem »österreichischen Worpswede« entwickelte, wie ein Wiener Kunstkritiker 1932 in den Raum stellte, hatte auch mit der Politik zu tun. Als 1938 die Nazis die Macht übernahmen, blieb den jüdisch-stämmigen Künstlern nur die Emigration. Andere arrangierten sich. Groß Karriere machte keiner aus dem Kreis der Zinkenbacher.

Von Porträts im Stil der Neuen Sachlichkeit über Stillleben bis zu Landschaftsaquarellen vom Wolfgangsee reicht das Spektrum der Arbeiten, die von den Wänden des kleinen Museums blicken. Der 1939 in die USA emigrierten Lisel Salzer (1906–2005) verdankt der engagierte Museumsverein einen Nachlass mit vielen Bildern Zinkenbacher Künstler. Anderes kommt aus privaten Sammlungen. Und mindestens ebenso interessant wie die ausgestellten Arbeiten sind die oft mühsam rekonstruierten Lebensläufe jener Künstler, die 1938 vertrieben wurden und in Vergessenheit gerieten.

Adresse Kulturhaus St. Gilgen, Aberseestraße 11/1. Stock, 5340 St. Gilgen-Zinkenbach, Tel. +43 (0)676/7723405 (während der Öffnungszeiten), www.malerkolonie.at | **Öffnungszeiten** Ende Juni bis Anf. Okt. Di – So 14 – 19 Uhr | **Anfahrt** B 154 oder B 158 nach St. Gilgen, bei Zwölferhorn-Seilbahn parken und Weber-/Postgasse hinab zum Kulturhaus | **Tipp** Erkunden Sie auf den Spuren der Zinkenbacher den Wolfgangsee per Schiff (www.wolfgangseeschifffahrt.at) oder machen Sie eine Wanderung auf dem Zinkenbachweg (Ausgangspunkt ist die Kirche St. Konrad in Abersee), wobei für Kinder das Dorf der Tiere beim Adambauern interessant ist.

79 Das Musikinstrumenten-Museum der Völker

Hier spielt die Weltmusik live!

Askold zur Eck fischt ein Holzstäbchen aus dem Maul des Schrappfischs und fährt damit über den mit Rillen versehenen Rücken des Instruments. Ein schnarrendes Geräusch ertönt, mal höher, mal tiefer. Seine Wurzeln hat der aus einem Flaschenkürbis hergestellte Musikfisch in Mexiko, erläutert der Kustos des Musikinstrumenten-Museums der Völker. Als Nächstes stimmt er einen tunesischen Mezoued-Dudelsack an, gefolgt von einer Tanbur-Laute aus Usbekistan.

Flöten, Trommeln, Becken sowie Klangvorrichtungen, die man noch nie gesehen, geschweige denn vernommen hat, füllen die Schaukästen des kleinen Museums. »Weltmusikbühne« wäre übrigens zutreffender, wird doch jeder Besucher zu einem akustischen Streifzug um den Globus entführt und erfährt dabei verblüffende Details über die angestimmten Instrumente, ihre Bauweise und ihre Geschichte.

Prachtvoll anzusehen ist die mit Silber und Halbedelsteinen verzierte tibetische Meeresschnecken-Trompete (»Dung Kar«). Ihr unheimlicher Ton ertönt bei Luftbestattungen. An eine Kreuzung aus E-Gitarre und alter Schreibmaschine – die Tasten stammen tatsächlich von einer solchen – erinnert die indische »Bul bul tarang«. Übersetzt bedeutet das »der Gesang der Nachtigall« – diese Assoziation würde einem nicht sofort kommen. Hörnern von Kudu-Antilopen entlockt der Kustos ebenso Laute wie Schneckengehäusen. Von den Tausenden exotischen und seltenen Instrumenten, die die Familie zur Eck zusammengetragen hat, klingt manches ähnlich, obwohl es ganz und gar anders aussieht. So besteht etwa die österreichische Maultrommel aus Metall, die philippinische Version aus Bambus.

Ein Ort, den Sie unbedingt gehört haben müssen! Und wer an der virtuosen Maultrommel-Vorführung Gefallen gefunden hat, kann gleich einen Kurs buchen.

Adresse Kulturhaus St. Gilgen, Aberseestraße 11, 5340 St. Gilgen, Tel.+43 (0)6227/8235, www.hoerart.at | **Öffnungszeiten** Juni – Mitte Okt. Di. – So. 9 – 11, 15 – 19 Uhr, Rest des Jahres auf Anfrage | **Anfahrt** B 154 oder B 158 nach St. Gilgen, bei der Zwölferhorn-Seilbahn parken und Weber- beziehungsweise Postgasse hinab zum Kulturhaus | **Tipp** Eine Ausstellung im Mozarthaus St. Gilgen, Ischler Straße 15, dokumentiert das Leben der Mozart-Schwester Nannerl, die lange in St. Gilgen lebte (Juni – Sept. Sa., So. 10 – 12 Uhr).

80 Der Schlupfstein

Prähistorische Kultstätte am Falkenstein

Von der immensen Popularität des Jakobsweges profitieren langsam auch Pilgerziele, die etwas in Vergessenheit geraten sind. St. Wolfgang etwa, das im 16. und 17. Jahrhundert zu den meistbesuchten Wallfahrtsorten der Christenheit zählte. Der traditionelle Pilgerweg von Regensburg an den Wolfgangsee und der Europäische Pilgerweg VIA NOVA führen auf ihrer letzten Etappe über den Falkenstein, wo in einer kleinen Kirche ein uralter Brauch gepflegt wird: Man schlüpft durch einen Felsspalt, um Sünden oder Leiden abzustreifen.

Am Falkenstein soll der Legende zufolge der heilige Wolfgang eine Zeit lang als Einsiedler gelebt haben, nachdem er im Jahr 976 nach bürgerkriegsähnlichen Unruhen seine Stadt Regensburg verlassen hatte. Der Schlupfstein beziehungsweise Durchkriechstein wurde jedoch vermutlich bereits in vorchristlicher Zeit als Kultstätte genutzt. So ist von den Kelten bekannt, dass sie an solchen Stätten Kontakt zu ihren Ahnen suchten. Im 17. Jahrhundert beschloss die katholische Obrigkeit, den kultisch genutzten Felsen zu überbauen. Seitdem ist der Schlupfstein in die an den Fels des Falkensteins geduckte Kirche integriert.

Wer sich durch den dunklen Spalt zwängt, bewegt sich auf den Spuren Abertausender Menschen aus vielen Ländern, die an diesem Ort Heilung erbaten. Ihre Körper haben den Fels glatt geschliffen. Vieles wird auf das Ritual projiziert: Frauen, denen Kindersegen versagt geblieben ist, »schlupften« ebenso wie Schwangere, um eine leichte Geburt zu erbitten. Der Schlupfstein gilt vielen als »Kraftort«, an dem Übel und Beschwerden hängen bleiben. Die Kirche hängt das Ritual nicht an die große Glocke – Texte zur Bedeutung des Schlupfsteins findet man hier nicht.

Und es gibt noch mehr Archaisches an diesem Ort zu erledigen: Wer die Turmglocke mit einem Zug am Seil genau dreimal zum Klingen bringt, dem wird ein Wunsch erfüllt, heißt es.

Adresse Falkenstein, am Weg Nummer 28 zwischen St. Gilgen und St. Wolfgang, 5340 St. Gilgen, www.wolfgangweg.at | Öffnungszeiten ganzjährig, außer bei Schneelage | Anfahrt B 154 oder B 158 nach St. Gilgen, im Ortsteil Winkl (Nordspitze des Sees an B 154) abbiegen und am Seeufer parken; die Falkensteinkirche ist in einem 20-minütigen Fußmarsch (rutschfestes Schuhwerk) erreichbar | Tipp Im nahen Europakloster Gut Aich, Winkl 2, verkaufen die Benediktiner-Mönche Thymian-Hirngeist und weitere selbst produzierte Kräuterliköre (Tel. +43 (0)6227/231860, Do–Sa 10–12 und 14–17 Uhr, So 10–12 Uhr). In St. Wolfgang führt kein Weg vorbei an der Wallfahrtskirche mit dem berühmten Pacher-Altar (um 1500).

81 Der Urwald am Lichtenegger-Steig

Wo die Almsauen grüßen

Bei der Arnikahütte an der Westseite des Zwölferhorns taucht der Lichtenegger-Steig in den Wald ein; kein normaler Wald, das erkennt man gleich. Riesenbäume spreizen ihre Äste nach dem Menschlein aus, das zur Sausteigalm hinabsteigt. Umgestürzte Kolosse und morsche Stümpfe säumen den Pfad, andere Veteranen halten sich gerade noch aufrecht. Willkommen in einem Stückchen Urwald, wie es in Österreich nur ganz selten zu finden ist.

Manche der knorrigen und mitunter bizarr schiefen Riesen, die im Volksmund gleichermaßen liebe- wie respektvoll »Almsauen« genannt werden, haben an der Basis einen Durchmesser von 1,50 Metern. Diese Dimensionen dürften den Almbesitzern die Lust genommen haben, der Wildnis überhaupt mit Axt und Säge auf den Leib zu rücken. Freilich haben Fichten, Buchen und Tannen an dem schattseitig gelegenen Hang ohnehin genug damit zu tun, den Elementen die Stirn zu bieten. Der Schnee hält sich lange. Auch wegen stürmischer Winde müssen die älteren Riesen viel Energie darauf verwenden, nicht umzupurzeln.

Baumstämme in allen Stadien der Verwitterung begleiten den Wanderer. Ihr Totholz und ihre Moospolster bieten Insekten Lebensräume. Auf den Lichtungen schießen Farne und Stauden empor. Botanisch Interessierte werden Eisenhut, Waldmeister und die ein oder andere seltene Pflanzenart erkennen.

Im Sommer ist es am Lichtenegger-Steig kühler als auf den anderen »Hörndl-Anstiegen«, wie die Wege auf das Zwölferhorn heißen. Der Alpenverein St. Gilgen sorgt dafür, dass das herrliche Baum-Durcheinander, das sich auf einer Länge von einem Kilometer und über 230 Höhenmeter entfaltet, zugänglich bleibt. Einfach hinsetzen und wirken lassen, lauschen, wie die Almsauen ihre alten Lieder flüstern – oder ist's der Wind, der durch die Bäume streicht?

Adresse An der Westseite des Zwölferhorns, 5340 St. Gilgen, Tel. +43 (0)6227/2350, www.12erhorn.at | Öffnungszeiten begehbar ab etwa Ende Mai–Okt., Schneelage/Witterung beachten; Sommerbetriebszeiten Seilbahn: Mai und Sept. 9–17 Uhr, Juni–Aug. 9–18 Uhr, Okt. 9–16 Uhr | Anfahrt B 154 oder B 158 nach St. Gilgen-Zentrum, Parkplatz an der Talstation; von der Bergstation der Zwölferhorn-Seilbahn Richtung Pillstein, der Steig beginnt circa 30 Meter nach der Arnikahütte am Waldrand rechts und erfordert rutschfestes Schuhwerk | Tipp Torten und Kuchen in der Konditorei Dallmann, wo einst auch Helmut Kohl (1930–2017) auf seinen Wolfgangsee-Urlauben einkehrte, sind ein Genuss (Mozartplatz 2a, tgl. 10–18 Uhr).

82 Der Weiler Brunnwinkl

Wo Karl von Frisch den Bienen-Code knackte

Eine Handvoll Häuser, die wie hingestreut in einer kleinen, etwas versteckten Bucht liegen; Veranden, Balkone und blühende Gärten als idyllisches Beiwerk, und als Tüpfelchen auf dem i ein privater Uferabschnitt mit aparten Boots- und Badehäusern. Wer durch den St. Gilgener Weiler Brunnwinkl spaziert, den könnte glatt der Neid fressen, so ländlich-unverbraucht präsentiert sich das Ensemble. Eine ideale Sommerfrische, doch nicht nur das: Eine Gedenktafel erinnert daran, dass an diesem stillen Fleckchen Erde einst auch Wissenschaftsgeschichte geschrieben wurde.

Gegen Ende des 19. Jahrhunderts schlug im Brunnwinkl die Gelehrten-Familie von Frisch ihr permanentes Sommerdomizil auf. Für den kleinen Karl, 1886 geboren, wurden die nahen Wiesen und Wäldchen zum Forschungslabor, faszinierte ihn doch alles, was kreuchte und fleuchte. 1912 richtete sich Karl von Frisch, eben habilitiert an der Uni München, im Paradies seiner Kindheit einen Bienenstand ein und rückte seinem Lieblingsinsekt wissenschaftlich auf den Leib. Bereits der Nachweis, dass Honigbienen nicht farbenblind sind, wie zuvor angenommen, machte den Zoologen (1886–1982) in Fachkreisen berühmt.

Gegen Ende des Zweiten Weltkrieges knackte von Frisch, als Wissenschaftler längst eine Koryphäe, in seinem privaten Versuchslabor den Code der Bienen. Der Verhaltensbiologe erkannte, dass die Tiere die Sonne als Kompass nutzen und ihren Stockgenossen durch den »Schwänzeltanz« exakte Informationen über Richtung und Distanz auch weit entfernter Nahrungsquellen übermitteln. Der Blitz der Erkenntnis schlug zu Mittag des 15. Juni 1945 in Brunnwinkl ein, wie von Frisch in seinen Erinnerungen schrieb. Die Entschlüsselung des »Bienen-Leitsystems« trug dem Verhaltensbiologen 1973 den Nobelpreis ein. Soll noch mal einer sagen, dass man nicht auch im Sommerurlaub Weltbewegendes vollbringen kann!

Adresse Am Uferweg zwischen St. Gilgen und Fürberg, 5340 St. Gilgen | **Öffnungszeiten** ganzjährig, Durchgang auf öffentlichem Weg gestattet, aber diskretes Sightseeing, die Gebäude sind in Privatbesitz | **Anfahrt** B 154 oder B 158 nach St. Gilgen, bei Autobushaltestelle Billroth (an B 154) parken; oder von St. Gilgen 20 Minuten zu Fuß | **Tipp** Das Ufer-Gasthaus Fürberg, Winkl 19 (April bis Okt.), bildet einen würdigen Ausklang des Brunnwinkl-Spaziergangs, Rückkehr per Schiff möglich.

83 Der Arthof

Symbol der Verwandlung

Der Admiralfalter hat schwarz-orange-braune Flügel, ist auf der ganzen Welt zu Hause und verfügt über eine ordentliche Spannweite – doch in Sankt Konrad befindet sich ein besonders schönes Exemplar, das nicht aus Korpus und Flügeln, sondern Beton und Spanntuch besteht. Dieses Gebäude im grünen Almtal nennt sich »Arthof«, ist geschützt durch eine Mauer mit Figuren, die ständige Bewegung simulieren und symbolisiert Wandel und Erneuerung durch kreative Energie. Thomas Mayrhofer hat hier nach einem Architektur-und Kunststudium und Wanderjahren durch die ganze Welt vor 15 Jahren seine Zelte aufgeschlagen. Umgegeben von einem üppig wuchernden Garten, der als Skulpturenpark konzipiert ist, werkt der Gesamtkünstler an vielen Projekten – der Besucher hat das Gefühl, in einer »Factory« zu sein, denn jeder Winkel offenbart eine neue Idee Mayrhofers. Er hat im Wiener Musikverein einen begehbaren Lichttunnel geschaffen, den Marktplatz im italienischen Egna mit hunderten tönernen Froschkönigen bestückt und die Salzwelten im Hallstatt mittels Spiegelprojektionen visualisiert. Seine Bauten bestechen durch figurale Außenästhetik und raffiniertes Innendesign, Mayrhofer zitiert an Fensterlamellen Stickmuster von Lederhosen und integriert Gebäude in den natürlichen Fluss der Landschaft. Das malerische Werk orientiert sich am Menschen per se, seine Bilder variieren Köpfe und Körper, die sich in permanenter Schwingung befinden.

Toms Energie ist geradezu ansteckend, und die Vielfalt seiner Werke lässt staunen: Man hat das Gefühl, dass dieser Mann sich abends verpuppt, um neue Ideen auszubrüten und morgens als prächtiger Schmetterling erwacht und zu frischen Taten flattert. Wer ein Gemälde voller Ausstrahlung, eine Skulptur mit Eigenleben oder ein Gebäude mit Alleinstellungsmerkmal sucht, sollte sich auf den Weg ins Almtal machen, wo der orange-schwarze Falter voller Schaffenskraft vibriert.

Adresse Bundesstraße 45, 4817 St. Konrad, Tel. +43 (0)676/5480428, thomas-m@arthof.at, www.tom-gmbh.at | Öffnungszeiten Der Künstler zeigt Ihnen nach Voranmeldung gerne sein Atelier. | Anfahrt auf der A 9 die Ausfahrt Ried im Traunkreis nehmen und auf der B 120 bis nach St. Konrad fahren, das Atelier liegt direkt an der Bundesstraße. | Tipp Direkt neben dem Atelier steht ein Imbiss, der von Mayrhofer gestaltet wurde – sehr stylish!

84 Der Ortsteil Schwarzindien

Ein Lehrstück in Sachen Tourismus-PR

Wer kann beim Austausch der Urlaubserlebnisse schon damit auftrumpfen, im Sommer kurz mal Schwarzindien besichtigt zu haben? Unter den kuriosen Ortsnamen in Österreich nimmt der Ortsteil der Gemeinde St. Lorenz einen Spitzenplatz ein. Die Anfänge gehen auf das Jahr 1879 zurück, als eine Gruppe junger, romantisch angehauchter Leute versuchte, ein ruhiges Fleckchen am Mondsee abseits vom Trubel zu finden.

Ihre Erkundungen per Boot führten sie in eine mit Bäumen und Schilf bestandene Bucht, die von der Landseite kaum einsehbar war. Dieses Paradies nahmen die Pioniere symbolisch in Besitz, hissten eine Fahne und benannten es in einer Gründungsurkunde »Schwarzindien« – einigen Quellen zufolge, weil die Landnehmer wegen ihres sommerlichen Teints »Schwarzindianer« geheißen wurden, nach anderen in Anlehnung an Christoph Kolumbus.

Bloß blieb das Sommer-Paradies nicht lange unentdeckt, erinnerte sich einer der Gründerväter viele Jahrzehnte später mit Wehmut. Ein örtlicher Unternehmer zog im nächsten Jahr eine Jausenstation hoch und warb unter der gekaperten Bezeichnung »Schwarzindien« für sein Ausflugsziel. Bald war auch die nahe gelegene Bucht entdeckt und zum touristischen Allgemeingut geworden.

Der Gastronom legte in Sachen Branding sogar noch eins drauf. Als die Salzkammergut-Lokalbahn 1891 ihre Flügelstrecke nach Mondsee bekam, setzte er zum einen durch, dass die Bahn nahe der Gastwirtschaft stoppte, zum anderen, dass diese Station anstelle des banalen Flurnamens Wendt die Bezeichnung Schwarzindien erhielt. Als Haltestelle in den Fahrplänen der k.u.k.-Bahnen hatte Schwarzindien von da an amtlichen Charakter.

Längst ist der Uferstreifen bestens erschlossen. Wer hier ein eigenes Haus mit privatem Uferzugang hat, der kann immer noch von einem Paradies reden. Ein Hauch Schwarzindien-Feeling lässt sich vielleicht noch am gleichnamigen Badeplatz erleben.

Adresse 5310 St. Lorenz am Mondsee-Schwarzindien | **Anfahrt** A 1, Abfahrt Mondsee, auf der B 154 nach Süden, der Ortsteil Schwarzindien ist ausgeschildert | **Tipp** Das Gästehaus Geier, Schwarzindien 16 (Tel. +43 (0)6232/4254), stellt einen privaten Seezugang und ein Ruderboot für Mondsee-Erkundungen zur Verfügung. Allerlei zu erleben und zu kaufen gibt es am nahen Kulturgut Höribach, einem kreativen Hotspot am Mondsee (www.kulturgut-mondsee.eu).

85 Der Berufsfischer

Der Acker im See

In aller Herrgottsfrüh mit einem Boot auf den spiegelglatten See hinaus zu gleiten und seine Angel auszuwerfen ist ein kontemplativer Akt – das Fischen und die damit einhergehende Ruhe werden von vielen Therapeuten gestressten Managern als ideale Erholung empfohlen. Nikolaus Höplinger ist in der glücklichen Lage, diese Tätigkeit zu seinem Beruf gemacht zu haben, und kann am Wolfgangsee zusätzlich an einem traumhaften Arbeitsplatz zu Werke gehen. Der gelernte »Fischermeister« betreibt einen 860 Hektar großen landwirtschaftlichen Betrieb – mit dem Unterschied, dass seine Äcker aus Seewasser bestehen. Seit 1783 befindet sich dieser Teil des Wolfgangsees im Familienbesitz, und Nikolaus Höplinger fährt von seinem Anwesen neben der Bootsanlegestelle »St. Wolfgang Markt« täglich frühmorgens hinaus aufs Wasser. So genannte Stellnetze werden ausgeworfen, in der Nacht eingeholt und der Fang im Geschäft, auf Wochenmärkten und in die Restaurants der Umgebung verkauft. Die Reinanke ist der Fisch dieser Region, doch Zander, Hecht und Seeforellen zappeln ebenso in den Maschen. In ihrer Zucht schöpfen die Höplingers alljährlich den Laich ab und setzen ihn im Wolfgangsee aus, um dessen Fischbestand zu erhalten. So bleibt die Wertschöpfung vor Ort, und der Kunde kann sich sicher sein, dass jeder einzelne Fisch sich in den Wogen des Sees getummelt hat. Versprochen, kein Anglerlatein – vom Wahrheitsgehalt überzeugen sich Hobbyfischer, die mit Tages- und Wochenkarten denselben Acker pflügen.

Wem Selberfangen, Ausnehmen und Zubereitung der Fische zu mühsam sind, der hat direkt in St. Wolfgang bei Wirtin Elfriede Höplinger die Möglichkeit, den Tagesfang im familiären Ambiente des »Fischergartls« zu genießen. Hier springen Saiblinge quasi vom See auf den Teller und werden von kundiger Hand in ihrem natürlichen Geschmack belassen. Achtung! Wer einmal einen lauschigen Abend in diesem kulinarischen Garten verbracht hat, unterliegt größter Suchtgefahr – also unbedingt reservieren!

Adresse An Markt 79, 5360 St. Wolfgang, Tel. +43 (0)6138/3066 oder +43 (0)664/5034733, wolfgangsee-fischerei@aon.at, www.wolfgangsee-fischerei.at | Öffnungszeiten Verkauf und Speisekarte richten sich nach Jahreszeit und Tagesfang, rufen Sie einfach vorher an. | Anfahrt auf der A1 die Ausfahrt Regau nehmen und die B 145 und B 158 bis nach St. Wolfgang ins Zentrum fahren | Tipp In der St. Wolfganger Klosterkellerei am Markt 2 gibt es vielfach prämierte Gin-Kompositionen von Hannes Peinsteiner zu kaufen – neue Geschmackserlebnisse garantiert!

86_Hotel Schafbergspitze

Dem Himmel ein Stück näher

Einfache Hütten auf den Bergen gab es im 19. Jahrhundert bereits. Was allerdings 1862 auf dem Gipfel des Schafbergs emporwuchs, war eine Novität: Ein Berghotel mit so ziemlich allem an Komfort, was sich an einem so exponierten Ort realisieren ließ. Der Bedarf war gegeben. Das Salzkammergut mauserte sich zur Sommerfrische höchster Kreise, Outdoor-Aktivitäten kamen langsam in Mode. Feine Pinkel und Unsportliche konnten sich von starken Burschen in einer Art Sänfte auf den 1.782 Meter hohen Aussichtsberg schleppen lassen.

Der Job des »Sesselträgers« war nicht mehr gefragt, als 1893 in einer technischen Pionierleistung die Zahnradbahn auf den Schafberg eröffnet wurde. Diese Anbindung an St. Wolfgang ist für das erste Berghotel Österreichs – das auf dem Gemeindegebiet von St. Gilgen liegt – bis heute eine Nabelschnur geblieben. Keuchend befördert die Bahn Aberhunderte Tagesgäste auf den Schafberg. Dort tut sich ein phantastischer Blick auf Alpen und Alpenvorland auf. Am Fuß der jäh abfallenden Schafberg-Nordwand windet sich der Mondsee in seinem Trog. Eine Drehung, und schon funkeln einem die Schneefelder des Dachsteins entgegen. Insgesamt sieben Salzkammergutseen bieten sich dem Auge dar. Das Beste: Wenn die Scharen abends abgezogen sind, hat man die Aussichtskanzel fast für sich.

Das Hotel Schafbergspitze bietet Standards, die jene von Alpenvereinshütten weit übertreffen. Im holzvertäfelten Kaisersaal und im Jägerstübl kann man regionale Spezialitäten genießen und sich am Kachelofen wärmen. Der Sonnenuntergang über der Chiemsee-Gegend wird zu einem Spektakel aus Orange- und Rottönen. Mitunter tummeln sich Gämsen ums Haus. Wenn der Wind pfeift, schlummert man zum leisen Klappern der Schindeln ein. Einige Stunden später wird der Feuerball die Frühaufsteher über dem Toten Gebirge und dem Höllengebirge wieder begrüßen. Wann hat man das zum letzten Mal erlebt?

Adresse Ried 23, 5360 St. Wolfgang, Tel. +43 (0)6138/3542, www.schafberg.net | **Öffnungszeiten** täglich von Anfang Mai–Ende Okt. | **Anfahrt** B 145 nach Bad Ischl, weiter auf B 158 nach Strobl und nach St. Wolfgang abbiegen, Parkplätze bei Schafbergbahn; aus Richtung Salzburg B 158 nach Strobl und wie oben | **Tipp** Der 35-minütige Trip mit der Schafbergbahn von St. Wolfgang aus ist kostspielig, aber ein Erlebnis (Reservierung unter Tel. +43 (0)6138/22320, www.schafbergbahn.at). Mehr über die Sesselträger erfährt man im Stadtmuseum Bad Ischl.

87__Die Rösslerei

Pilger-Labstelle der Moderne

Wien hat seinen Stephansdom, New York das Empire State Building und St. Wolfgang das »Weisse Rössl« – vor dem inneren Auge verschmelzen diese Begriffe zu einer Einheit. Durch die Operette von Ralph Benatzky bekannt und die Verfilmungen mit Peter Alexander und Waltraud Haas berühmt geworden, ist das Hotel zu einem Synonym für das Salzkammergut geworden. Doch wer dabei eine Gastwirtschaft am Wasser mit schrulligem Personal und luftiger Seeterrasse im Sinn hat, schwebt in seliger Nostalgie, denn das »Rössl« hat im Lauf der Jahrzehnte einige Sprünge bis ins Ortsinnere gemacht und präsentiert sich heute als Haus, das sich zum Wolfgangsee und dem Marktplatz hin öffnet.

An dieser altehrwürdigen Stätte befindet sich mittlerweile das prächtige Hotel-Entree und gleich nebenan die »Rösslerei« – dieses Lokal ist moderne Pilger-Labstätte in der uralten Tradition des Wallfahrtsortes. Wo vor Jahrhunderten Durstige am Pilgerbrunnen frisches Wasser tranken, kann nun der Besucher an der Bar und im Schanigarten Kraft tanken. »Zuagroaste« und Einheimische sollten in der »blauen Stunde« den Blick über das prächtig bemalte »Lebzelterhaus« und die stilistisch vielschichtige Kirche schweifen lassen, dann schmecken hausgemachter Eierlikör und Torte gleich vollmundiger.

Tüpfchen auf dem »i« sind Veranstaltungen in lauen Sommernächten, dreimal die Woche gibt es von klassischen Konzerten bis zur Blasmusik originale Klänge aus dem Salzkammergut. Dazu wird der Rössl-Spritzer kredenzt – eine Kreation aus Weißwein und hauseigenem Veilchensirup.

Hätte Ralph Benatzky dieses Ambiente genießen dürfen, wären ihm sicher noch viele schwungvolle Melodien eingefallen … macht aber nichts, Papier und Bleistift sind in der »Rösslerei« immer griffbereit, damit Nachwuchskomponisten die Erfolgsgeschichte des Schimmels fortschreiben können.

Adresse Rösslerei im Hotel »Weißes Rössel«, Markt 74, 5360 St. Wolfgang, Tel. +43 (0)6138/2306, welcome@weissesroessl.at | **Öffnungszeiten** täglich ab 10 Uhr, die Sperrstunde richtet sich nach dem Gästeaufkommen | **Anfahrt** auf der A 1 die Ausfahrt Regau nehmen und die B 145 und B 158 bis nach St. Wolfgang ins Zentrum fahren | **Tipp** Im Salzkontor am Markt 72 gibt es alle Varianten des weißen Goldes zu kaufen – eine ideale Ergänzung zur süßen Rösslerei.

88 Die Betonkapelle

Hirte am Wegesrand

Spiritualität ist ein Schlagwort der Postmoderne, und viele Menschen suchen Antworten auf die ewige Frage nach der Sinnhaftigkeit des Seins. Waren in der Vergangenheit Kathedralen und zumindest wuchtige Gotteshäuser Anlaufstellen für Glaubende und Suchende, so haben sich die Koordinaten verschoben, und so mancher findet seine persönliche Erfüllung in der freien Natur. Nahe Scharnstein steht ein Bauwerk am Wegesrand, das beide Welten zusammenführt, denn die Kapelle »Maria am Wege« ist mitten ins grüne Almtal gebaut und besticht durch eigenwillige Architektur und kargen Charme. Auftraggeber Roman Berner ließ die Kapelle erbauen, nachdem er von lebensbedrohlicher Krankheit genesen war, die bauliche Umsetzung gelang Architekt Josef Ullmann mit dem steingewordenen Entwurf eines Kristalls, dessen Innenraum durch eine schlichte Mariengestalt bestimmt wird. Sie gibt der Kapelle ihren Namen und ist Sinnbild einer tiefen Verwurzelung der Menschen in den Glauben an ihre seelische Hilfe. »Maria am Wege« lädt zum Rasten und Ruhen ein: Zwischen zwei mächtige Pappeln gesetzt, strahlt der Bau in alle Richtungen, an den Seiten gemahnen ein blau schimmerndes Glaskreuz und der Sinnspruch »ich bin dein Hirte« an die religiöse Bedeutung dieses Gebäudes. Von Stein und Glas umschlossen findet der Einkehrende völlige Ruhe und kann sozusagen »on the road« stille Andacht halten – einfach ausprobieren, denn auch die menschliche Seele braucht Phasen der tiefen Entspannung.

Die Rastlosigkeit einer durchmotorisierten Gesellschaft hat den Menschen viel an der Freude des Innehaltens genommen – eine Hoffnung besteht in selbstfahrenden Automobilen, die man auf eine bestimmte Route programmieren kann: einfach »Maria am Wege« eingeben und schon wird die Hektik ein wenig ausgebremst … bis diese Technik ausgereift ist, muss man halt noch selber auskuppeln.

Adresse Kapelle Maria am Wege, Mayrhofstraße, 4664 Scharnstein| Öffnungszeiten jederzeit zu besichtigen| Anfahrt auf der A 9 die Ausfahrt Ried im Traunkreis nehmen und auf der B 120 Richtung Scharnstein bis zur Mayrhofstraße fahren, die Kapelle liegt am Straßenrand | Tipp Die »Moserei« gleich ums Eck in Mühldorf, Kalkofen 6a, bietet Kunst und Kulinarik in einer Container-Konstruktion – eine interessante Kombination.

89__Das Sensenmuseum

Das Reich der schwarzen Grafen

»Jetzt ist Sense«, »Morgen kommt der Sensenmann« – solche Wendungen sind ein alltäglicher Teil des Sprachgebrauchs. Es ist nicht lange her, dass mit Sensen weltweit so ziemlich alles niedergemäht wurde, was auf den Feldern stand. Wie und wo diese rasiermesserscharfen Klingen hergestellt werden, kann man im Museum Geyerhammer erkunden.

In einem 400 Jahre alten Hammerwerk direkt am Almfluss stehen drei gewaltige, von Wasserrädern betriebene Breithämmer, mit denen Schritt für Schritt aus »Eisenbröckln« feinst geschliffene Sensen produziert wurden. Man kann zusehen, wie ein Stück Stahl auf Sensenblattlänge gezogen und die Halterung herausgearbeitet wird. Danach wird das Sensenblatt gebreitet, der Rücken gefertigt und zum Abschluss die Sense geschliffen.

Der Besucher erlebt hautnah, wie in vielen Arbeitsgängen, zum Teil bei 1.000 Grad Hitze, ein Präzisionswerkzeug entsteht. Außerdem wird hier mit zahlreichen Schaustücken und Videovorführungen die Geschichte des Werks und der Wandel vom traditionellen Handwerk zur industriellen Fertigung dokumentiert. Schon im 17. Jahrhundert wurde hier auf der Alm geschmiedet, die Besitzer der Hämmer, sogenannte »Schwarze Grafen«, erwarben großen Reichtum und prägten damit Gesellschaft und Architektur des Tales. Den Höhepunkt erreichte man vor dem Ersten Weltkrieg, als Scharnstein Standort der größten Sensenproduktion in der k.u.k.-Monarchie wurde und alle Kronländer mit den feinen Klingen belieferte.

Sic transit gloria mundi – der Ruhm der Welt vergeht: Als in den 1970ern die letzten Exportmärkte wegbrachen, schlossen die großen Hammerwerke, da keine Rentabilität mehr gegeben war. Heute werden die scharfen Schneiden meist nur noch in den Ländern erzeugt, wo sie bei der Feldarbeit Verwendung finden. Bei uns sind Sensen rar geworden, also schauen Sie im Keller nach, ob noch eine da ist – der Rasenmäher könnte ja kaputt gehen.

Adresse Grubbachstraße 10, 4644 Scharnstein, Tel. +43 (0)7615/2340, www.sensenmuseum.at. | **Öffnungszeiten** Mai–Okt. Sa, So und Feiertage 10–12 und 14–16 Uhr | **Anfahrt** A 9 Abfahrt Ried im Traunkreis über Pettenbach nach Scharnstein fahren, im Ortskern der Beschilderung zum Museum folgen | **Tipp** Im Gebäude des Museums veranstaltet der Kulturverein Ausstellungen, Konzerte, Lesungen und Kabarett – anrufen und Programm abfragen.

90 Das Klimt-Zentrum

Ein Rahmen voll Seewasser

Der Okulist Rudolf Leopold schaute nicht nur seinen Patienten tief in die Augen, sondern warf zu einer Zeit Blicke auf Werke von Künstlern wie Schiele und Klimt, als diese noch erschwinglich waren. So schuf er eine der größten Kunstsammlungen Österreichs, die man im Leopold-Museum in Wien bewundern kann.

Besonders Gustav Klimt ist zu einer Ikone geworden und Bilder wie »Der Kuss« gehören heute zu den teuersten Kunstwerken weltweit. Am Attersee, wo er zusammen mit Emilie Flöge die Sommer verbrachte, wurde 2012 an der Schlossallee in Kammer eine Dependance des Museums errichtet. Der Maler erholte sich am Attersee nicht nur vom geschäftigen Wien, sondern schuf auch über 45 von der Region inspirierte Landschaftsgemälde, die eine eigene Schaffensperiode innerhalb seines Werks darstellen.

Eines der Gemälde – »Am Attersee« – ist das Prunkstück des Museums und kehrte 100 Jahre nach seiner Erschaffung an den Ort seiner Entstehung zurück. »Ein Rahmen voll Seewasser«, diese Bezeichnung des Kunstkritikers Ludwig Hevesi ist eine perfekte Beschreibung, einzigartig hat Klimt hier die Bewegtheit des Attersees eingefangen. Originalzeichnungen, die in ihrer Figürlichkeit einen Kontrapunkt zu den Landschaftsgemälden darstellen, historische Postkarten, Lichtdruckmappen und private Fotos ergänzen die Ausstellung. Die Räume sind lichtdurchflutet und modern ausgestattet, auf Touchscreens können alle Attersee-Bilder Klimts abgerufen werden. Ein eigens produzierter Film zeigt – untermalt von Symphonien Gustav Mahlers – einen Spaziergang durch die Landschaft und überblendet die reale Natur mit den Gemälden des Künstlers – der Strich wird zur Welle.

Angenehm fällt die sachliche und gerade Atmosphäre des Museums auf, die sich voll auf das Werk konzentriert und jegliche Verkitschung vermeidet – Kaffeebecher und Bettwäsche mit Klimt-Motiven gibt es ja leider zuhauf.

Adresse Hauptstraße 30, 4861 Schörfling am Attersee, www.klimt-am-attersee.at | **Öffnungszeiten** jährlich wechselnd, bitte der Homepage entnehmen | **Anfahrt** Westautobahn A1, Abfahrt Seewalchen auf die B151 über die Brücke auf die B152, 200 Meter ins Zentrum von Schörfling zum Klimt-Zentrum fahren | **Tipp** Am Klimt-Themenweg in unmittelbarer Umgebung des Museums kann man – ausgestattet mit Audio-Guide – auf den Spuren des Künstlers wandeln.

91 Trachten-Tostmann

Tradition über Generationen

Betritt man »Tostmann Trachten« in Seewalchen, taucht man ein in eine Welt der Tradition und Ebenmäßigkeit. Ein seltenes Beispiel von Stilsicherheit zeichnet das Angebot aus, hier herrscht kein modischer Wirrwarr, hier wird nicht den Torheiten des Zeitgeschmacks hinterhergeschneidert. Die Räume verströmen eine Aura der Beständigkeit und Eleganz. Hier, im ehemaligen Gemeindehaus von Seewalchen, befindet sich ein Trachten-Kraftwerk, bei dem über die Herstellung bis zum Verkauf alles in bewährter Hand liegt.

Über 100 Menschen stellen in Handarbeit Trachten her, und jeder, der solch ein Kleidungsstück erwirbt, kann sich der Exklusivität und Unverwechselbarkeit des Produktes sicher sein. Großmutter Marlen, die 1949 mit ihrem Mann Jochen das Geschäft gründete, hatte an der Kunstgewerbeschule berühmte Lehrer wie Joseph Hoffmann und war von Anfang an darauf bedacht, neue Farben und Schnitte in die Tracht einfließen zu lassen ohne mit der Tradition zu brechen.

Mutter Gesine dissertierte über »Wechselwirkung von Tracht und Mode« und übernahm 1983 das Ruder. Treffsicher behielt sie den Stil bei und bewahrte die eigene Ethik des Unternehmens, für die Massenware ein Unding ist. Denn das Faszinosum der Tracht besteht in ewiger Wiederkehr, sodass ihr selbst die Globalisierung unserer heutigen Welt und deren Gleichmacherei des Geschmacks nichts anhaben kann. Neue, auch exotische Elemente sind zwar wichtig, um die Tracht weiterzuentwickeln, Kontinuität bleibt dennoch ein Angelpunkt der Tostmann'schen Philosophie. Damit das so bleibt, hat vor zehn Jahren die gelernte Juristin Anna Tostmann das Staffelholz übernommen und beschäftigt sich heute mit Dirndln und Lederhosen statt mit trockenen Paragrafen.

Wer gelebte Tradition im Salzkammergut kennenlernen will, sollte auf jeden Fall einmal in dieser legendären »Trachtenstube« vorbeischauen.

Adresse Hauptstraße 1, 4863 Seewalchen, Tel. +43 (0)7662/8840, www.tostmann.at | Öffnungszeiten Mo–Fr 9–18 Uhr, Sa 9–13 Uhr | Anfahrt Westautobahn A1, Abfahrt Seewalchen, in den Ort fahren, das Geschäft liegt genau in der Mitte | Tipp Beim nächsten Wien-Bummel sollte man die Tostmann-Dependance in der Schottengasse 3a besuchen – ein wunderbares Gewölbe mit Mode im Austrian Style.

92 Die Villa Paulick

Goldene Decke aus eigener Hand

Die Mutter des seligen Kaisers Franz Joseph I. war nach einer Salzkur in Bad Ischl guter Hoffnung, und so wundert es wenig, dass der sogenannte »Salzprinz« später für jeden Sommer ins Salzkammergut zurückkehrte. Da sich der Hof und im Weiteren die großbürgerliche Gesellschaft gerne in der Nähe des Kaisers aufhielten, war es nur logisch, dass Villen rund um die Sommerresidenz wie Pilze aus dem Boden schossen. So konnte die Hautevolee von Wien zum einen Wälder und Seen genießen und gleichzeitig mit dem Herrscher auf Tuchfühlung sein.

Friedrich Paulick war k.u.k.-Hoftischler in Wien und verdiente beim Bau der neuen Ringstraße eine Menge Geld, das er in Seewalchen in Form einer Villa anlegte. Die Innenausstattung bestand im Wesentlichen aus grandiosen Holzarbeiten und wurde praktischerweise gleich im eigenen Betrieb angefertigt. Besonders die goldene Kassettendecke im Salon ist ein Blickfang der Extraklasse. Paulick hatte sie für die Weltausstellung 1873 angefertigt und das einzigartige Werk zu einem Schnäppchenpreis erworben. Heute ist das Ambiente unversehrt und lässt den Besucher in vergangenen Zeiten versinken.

Die Paulicks waren eine gastfreundliche und kunstaffine Familie, weshalb Gustav Klimt bei seinen Sommerfrischen gerne im Park des Anwesens lustwandelte und ein kühlendes Bad im Attersee nahm … wobei Letzteres in der damaligen Zeit nur beim Künstlervolk statthaft war.

Die Villa Paulick ist für den Normalsterblichen nur von außen zu besichtigen, doch es gibt eine Möglichkeit, das Interieur und die Aura vergangener Zeiten zu genießen: In den Sommermonaten vermietet die Besitzerfamilie Zimmer mit Frühstück und bietet einer handverlesenen Gästeschar Urlaub in einem Ambiente, wo die Zeit stehen geblieben zu sein scheint. Die Preise sind schwer in Ordnung, doch Zimmer genauso schwer zu bekommen. Also halten Sie sich bei der Reservierung ran.

Adresse Promenade 12, 4863 Seewalchen am Attersee, Tel. 43 (0)7662/2412 | Öffnungszeiten Der Pensionsbetrieb ist von Mai–Sept. geöffnet und die Zimmer sind telefonisch zu buchen. | Anfahrt Westautobahn A 1, Abfahrt Seewalchen und im Ort auf die Promenade fahren | Tipp Schiffsrundfahrt mit dem Klimt-Schiff von der Anlegestelle Kammer – man lernt den Attersee mit den Augen des Künstlers kennen.

93 Das Gulda-Grab

Man lebt nur zweimal

Ostern 1999 erschütterte eine Nachricht die Musikwelt – Friedrich Gulda war tot! Doch wenig später stellte sich das Ganze als makabrer Gag des Tastengenies heraus. Er hatte die Todesmeldung selbst lanciert und feierte eine »Wiederauferstehungs-Party«, bei der er sich königlich über den inszenierten Trubel amüsierte und im gleichen Atemzug über seine Intimfeinde – die Wiener und Salzburger Salonkritiker – herzog.

Totgesagte leben eigentlich länger, bei Friedrich Gulda war dem leider nicht so, denn kurz nach Beginn des neuen Jahrtausends hauchte er definitiv sein Leben aus. Zu Lebzeiten war er das Enfant terrible der klassischen Musikszene, ausgestattet mit phantastischen Fähigkeiten; seine Interpretationen von Beethoven und Mozart gingen in die Geschichte ein. Großes Augenmerk legte der Meister auf die Verschmelzung von ernster und unterhaltender Musik, er kombinierte bei seinen Konzerten Klassik und Jazz. Dieser Crossover kam bei Kritikern schlecht an, weswegen Gulda mit ihnen in Dauerfehde lag – »Idioten« und »Holzköpfe« waren noch die charmantesten Bezeichnungen für seine Gegner.

Wahre Abkehr von Bühne und flottem Lebenswandel fand der Kettenraucher im beschaulichen Weißenbach am Attersee. Im Studio »Meierhof«, eingerahmt von Bergen und Seen, arbeitete er unermüdlich an Komposition und Interpretation seiner Vorstellung von universeller Musik.

Zu dieser Sanftheit passt seine letzte Ruhestätte hervorragend: Am minutiös gepflegten Friedhof in Steinbach bilden Weltkugel und strahlende Sonne den Grabstein eines Menschen, der über die Grenzen des Musikbetriebes hinausgedacht hat. Ein Herzenswunsch Guldas war es, mit Mozart im Himmel vierhändig Klavier zu spielen – wenn man an seinem Grab steht und den Blick über den Attersee schweifen lässt, kann es schon passieren, dass die wohltemperierten Klänge im inneren Ohr erklingen.

Adresse Friedhof, Steinbach 1, 4853 Steinbach am Attersee | **Anfahrt** Westautobahn A 1, Abfahrt Schörfling, über Weyregg nach Steinbach und dort zur Kirche fahren | **Tipp** Es lohnt sich, den gesamten Friedhof zu durchschreiten, unter anderem liegt hier die Familie des Schriftstellers Heimito von Doderer begraben.

94__Das Mahler-Häuschen

Idylle im Wohnwagenpark

Gustav Mahler war im Grunde genommen ein Ferienkomponist. Bedingt durch seine rege Tätigkeit als Kapellmeister des Stadttheaters in Hamburg war es für ihn im Alltag unmöglich, größere tonsetzerische Werke in die Tat umzusetzen.

Im Sommer 1893 drängte die Vollendung der zweiten und der Beginn der dritten Symphonie heran. Ein beschauliches, günstiges – Gustav Mahler musste seine jüngeren Geschwister durchfüttern – und vor allen Dingen ruhiges Domizil musste her. In Steinbach am Attersee fand die Familie den idyllischen Gasthof »Zum Höllengebirge« und zog mit Sack und Pack für zwei Monate ein. Trotz flüssigen Arbeitstempos fühlte sich der auf vollständige Ruhe erpichte Exzentriker von Ausflüglern und Familie gestört. So entstand die Idee, einen Steinwurf vom Gasthof entfernt, direkt am Ufer des Attersees, ein kleines Gebäude zu errichten, das fortan dem Komponieren geweiht sein sollte.

Schon in der nächsten Sommersaison konnte Mahler sein »Arbeits-Sanctuarium« beziehen, ein schlichtes Häuschen, eigentlich nur ein Zimmer mit Blick auf den Attersee. In dieser Zelle standen und stehen Stutzflügel, Tisch und Sessel – basta! Diese asketische Umgebung und Abgeschiedenheit beflügelten den Meister und ließen ihn seine zweite und dritte Symphonie im Fluge vollenden. Ob es seine Migräne oder die Sehnsucht nach Stille waren – Lärm, ja selbst kleinste Geräusche waren »bei Todesstrafe verboten«. Kinder wurden vom Spielen und Baden abgehalten, Bauern durften ihre Sensen nur außer Hörweite schärfen, denn absolute Lautlosigkeit war die Voraussetzung für hauchdünn aufgeschichtete Tonwerke.

Heute schaut die Sache ein wenig anders aus. Rund ums Häuschen urlauben viele Seehungrige, und selige Ruhe ist Ferienstimmung gewichen. Betritt man das stille Kämmerchen, ist die Umwelt jedoch abgeschaltet – Mahlers Symphonien erklingen, und sein Geist ist greifbar!

Adresse Seefeld 14, 4853 Steinbach am Attersee, Hotel Föttinger, Schlüssel für das Komponierhäuschen ist direkt an der Rezeption zu holen, Tel. +43 (0)7663/8100 | Öffnungszeiten Das Hotel hat das ganze Jahr über geöffnet. | Anfahrt Westautobahn A1, Abfahrt Schörfling, auf B152 über Weyregg nach Steinbach und zum Hotel Föttinger, ehemals Gasthof zum Höllengebirge fahren | Tipp Im ersten Stock des Hotels sind Räumlichkeiten mit Erinnerungsstücken von Gustav Mahler zu besichtigen.

95 Die Schwarze Brücke

Spaziergang auf Unterwasserwiesen

Die tiefen Gewässer unserer Erde haben den Forschungsdrang wie wenige andere Phänomene beflügelt. Jules Verne ließ seinen Kapitän Nemo Unterwasserabenteuer bestehen, die Forscher Jacques Cousteau und Hans Hass brachten für die Landratten viele dunkle Geheimnisse der Tiefsee ans Licht. Heute schwärmen Tauchfreaks von den wunderbaren Korallenriffen und der Farbenpracht in der Karibik.

Doch auch im Salzkammergut hat man – abgesehen von den Korallen – alle Möglichkeiten, die Faszination des Tauchens zu erleben. Der Attersee mit seiner hervorragenden Wasserqualität ermöglicht große Sichtweiten, er bietet eine unglaubliche Topologie, traumhafte Unterwasserflora und einen enormen Tierreichtum. Taucher können am Boden des Attersees über Unterwasserwiesen wandern, die von Armleuchteralgen gebildet werden – europaweit eine absolute Rarität. Im glasklaren Wasser tummeln sich Mairenken, Hechte und Aale: Vorsicht! Beim Tauchen den Netzen ausweichen – man will ja nicht als dicker Fang in der Pfanne enden!

Zahlreiche Tauchschulen bieten Kurse für Anfänger und Fortgeschrittene an, Flusstauchen, Rebreathing und Technical Diving stehen ebenso auf der Angebotsliste. An vielen Einstiegsstellen rund um den Attersee kann man das Abenteuer Seetauchen wagen. Eine der berühmtesten ist die »Schwarze Brücke« zwischen Seefeld und Weyregg. Der Mythos der dort vorgelagerten Steilwand zieht Taucher von nah und fern an. Bereits kurz nach dem Einstieg kann man die mächtige Felsformation, die in strukturierten Steilwänden abfällt, gut betrachten, je tiefer man geht, umso mehr nimmt einen die Schönheit dieses mächtigen Steins gefangen.

Doch Achtung! Ein großes Kreuz verkündet Böses. Leider haben sich Taucher zu weit in den Attersee gewagt und das mit dem Leben bezahlt. Bleiben Sie also vernünftig und verfallen Sie nicht dem Tiefenrausch!

Adresse an der B 152 / Seeleiten Bundesstraße (am Kilometer 11,8), 4853 Steinbach am Attersee | **Anfahrt** Westautobahn A 1, Abfahrt Schörfling, auf der B 152 durch Weyregg fahren, die Einstiegsstelle befindet sich circa 2 Kilometer nach dem Ort direkt an der Straße | **Tipp** Die prächtigen Hechte und Perlfische kann man nicht nur beim Tauchen beobachten, sondern in vielen hervorragenden Fischrestaurants direkt am Attersee genießen.

96 Das Blinkling-Moos

Botanische und amphibische Raritäten

Ein in 9.000 Jahren Aufbauarbeit entstandener, sechs Meter mächtiger Torfkörper bildet die Basis für eine der schönsten Moorlandschaften Österreichs: Das Blinkling-Moos am Südostufer des Wolfgangsees. Von Strobl aus gelangt man auf der ehemaligen Trasse der Salzkammergut-Lokalbahn zunächst in ein Hochmoor, wie man es aus Englands Norden kennt. Wollgras setzt weiße Tupfer in die braune Heidelandschaft. An jeder Ecke wartet das Naturschutzgebiet mit botanischen Raritäten auf. Rundblättriger Sonnentau signalisiert Insekten: Hier gibt es reichlich Nahrung! Einmal gelandet, finden sie sich in einer klebrigen Falle wieder und liefern der Pflanze jene Nährstoffe, die ihr das Moos vorenthält. Rauschbeeren, Rosmarin-Heide und andere typische Pflanzen zeugen davon, dass das Moor ökologisch weitgehend intakt ist.

Die anschließenden Streu- und Feuchtwiesen strotzen vor Blütenpracht. Die gelbe Phalanx bestreiten Trollblumen, Bocksbart und Scharfer Hahnenfuß. In ihrer Nachbarschaft gedeihen Schlangenknöterich, Hyazinthen, wilde Orchideen und Raritäten wie die blaue Sibirische Schwertlilie. Dieser Artenreichtum setzt einen Kreislauf in Gang: Insekten werden angelockt, was wiederum Vögel und Amphibien äußerst attraktiv finden.

Tiere, die so selten sind, dass Österreich im EU-Kontext zum Schutz ihres Lebensraumes verpflichtet ist, haben im 100 Hektar großen Blinkling-Moos eine Nische gefunden. Aus den Entwässerungskanälen tönt das helle »Uuh-uuh« der Gelbbauchunke. Am Eisteich, den man nur aus der Distanz betrachten kann, lebt eine weitere seltene Amphibie: der Kamm-Molch. Im verwachsenen Uferbereich, aus dem man FKK-Badende verbannt hat, ziehen Rohrammern und andere Schilfbrüter ihre Jungen groß.

Schautafeln liefern Informationen über die Blinkling-Biotope; dazu gibt es eine Aussichtsplattform. Und der Panorama-Blick auf St. Wolfgang ist inklusive.

Adresse Parkplatz Sportplatzstraße (Ausgangspunkt), 5350 Strobl, Tel. +43 (0)6137/7855 (Tourismusbüro) | **Öffnungszeiten** ganzjährig, außer bei Schneelage | **Anfahrt** B 158 nach Strobl-West, auf die Salzburger Straße und via Feldweg zur Sportplatzstraße, dort Parkmöglichkeit | **Tipp** Wer im Moos mobil sein will, kann sich bei Huber & Schiendorfer, Salzburger Straße 49 (Tel. +43 (0)6137/7245), einen Drahtesel ausborgen. Der Naturstrand Waßwiese am Westende des Moores ist einer der schönsten Badeplätze am Wolfgangsee – ein Pflichtbesuch!

97 Die Postalm

Tote Hose? Wie man's nimmt!

Wem der Trubel am Wolfgangsee auf den Magen schlägt, der ist reif für eine Auszeit auf der Postalm. Hügel zuhauf, grüne Almmatten und anmutige Wäldchen, wohin das Auge blickt. Für Naturliebhaber finden sich in Österreichs größtem Almengebiet unzählige Plätzchen, um Abstand von allem zu gewinnen. Entlang des Almblumenweges etwa kann man sich im Frühsommer von Almrausch und Co. bezaubern lassen. Dazu einen Kaiserschmarren oder eine Speckjause auf einer der zahlreichen Hütten – und der Tag ist ein Erfolg.

Der ungewöhnliche Name geht auf das 19. Jahrhundert zurück. Damals existierte im nahen Bad Ischl eine große Poststation. Im Sommer wurde ein Teil der Postkutschen-Pferde zur Erholung auf das in 1.300 Meter Höhe gelegene Plateau getrieben – so wurde das Gebiet als »Postalm« bekannt. Das Privileg des Übersommerns genießen heutzutage bis zu 2.000 Rinder.

Auch in der kalten Jahreszeit präsentiert sich die über eine kurvenreiche Mautstraße erschlossene Postalm fern jeder Hektik. Ein Sessellift, ein halbes Dutzend Schlepplifte und insgesamt 21 Pistenkilometer ergeben einen für Österreich geradezu niedlichen Skizirkus. Vor allem Familien und Einsteiger schätzen die Überschaubarkeit – aber nicht nur. Denn zu den Stammgästen der Postalm zählten einst – ausgerechnet – die »Toten Hosen«!

Die Basis ihrer Schnee-Exkursionen auf die Postalm bildete ein Apartment, das die Eltern eines Band-Mitglieds in Strobl besaßen, plauderte Frontmann Campino einmal in einem TV-Interview aus. So kam es, dass die Düsseldorfer Rocker am Wolfgangsee jahrelang Kraft für ihre Touren tankten. Was die »Toten Hosen« dachten, als einmal die Tourismusverantwortlichen in Tracht und Dirndl aufkreuzten, um die Punkrock-Stars offiziell zu begrüßen, ist nicht überliefert. Campino aber weiß, wann die Beziehung Risse bekam: Als der Tourbus nach einer feuchtfröhlichen Nacht im Hühnerstall des Nachbarn landete …

Adresse südlich von 5330 Strobl und nordöstlich von 5441 Abtenau, www.postalm.at | **Öffnungszeiten** ganzjährig, Straßenverhältnisse beachten | **Anfahrt** B 158, bei Strobl-Ost auf L 116 auffahren in Richtung Weißenbach / Postalm (Mautstraße); beziehungsweise A 10 Ausfahrt 28-Golling, via B 159 und B 162 bis Vogelau auf die Postalmstraße | **Tipp** Panorama-Höhepunkte verspricht die Wanderung auf das Wieslerhorn (Ausgangspunkt P3). Bei regionalen Spezialitäten kann man die Postalm-Tour im Landgasthof Weißenbach (Weißenbach 35, Tel. +43 (0)6137 / 5675) ausklingen lassen.

98 Das Theo-Lingen-Denkmal

Vom Filmkomiker zum Friedenshelden

Seine Markenzeichen waren die näselnde Stimme, ein hektisches Sprechtempo und der akkurat gezogene Mittelscheitel. Außerdem konnte er gut mit den Ohren wackeln. Die Rede ist von Theo Lingen (1903–1978), einem der bekanntesten Filmkomiker des deutschen Sprachraumes. In Strobl am Wolfgangsee sind ihm zu Ehren ein Denkmal aufgestellt und ein Platz benannt worden – mehr Anerkennung, als ihm in seiner deutschen Heimat zuteil geworden ist.

Mit der Bronzebüste würdigte die Gemeinde Lingens Treue zu Strobl und seinen Beitrag zur Befreiung Strobls von der NS-Herrschaft. 1939 hatte Lingen seinen Wohnsitz in der beschaulichen Wolfgangsee-Gemeinde genommen – vielleicht auch, um sich und seine Frau, die Opernsängerin Marianne Zoff, die gemäß den Nürnberger Rassegesetzen als Halbjüdin galt, etwas aus der Schusslinie zu nehmen. Eine Sondergenehmigung Goebbels' schützte das Paar vor Verfolgung.

In den letzten Kriegstagen 1945 mutierte der privat als scheu und zurückhaltend beschriebene Lingen zum Helden. Die Amerikaner hatten ihren Vormarsch in St. Gilgen gestoppt, während in Strobl noch SS-Truppen standen. In dieser heiklen Situation entschlossen sich Nazi-Gegner zu einem Coup und sperrten den NS-Bürgermeister in den Gemeindekotter. Dann schwangen sich Lingen und ein Mitstreiter aufs Rad und fuhren zu den Amerikanern, die man mit der Aussicht auf eine »Party mit hübschen Mädels« nach Strobl locken konnte. Die SS-Einheiten ergaben sich. Verbürgt ist auch, dass die Heldentat von Strobl den Weg zur ersten demokratischen Wahl in Nachkriegsösterreich ebnete – jener des neuen Strobler Bürgermeisters im Juni 1945.

Verdienste, die die Gemeinde Strobl im Jahr 2006 mit der Einweihung einer Skulptur ehrte, welche auf dem eigens getauften »Theo-Lingen-Platz« aufgestellt wurde. Das verschmitzte Lächeln des Bronze-Lingen könnte glatt an seinen vielleicht größten Coup erinnern.

Adresse Theo-Lingen-Platz, Ecke Moosgasse/Bahnstraße, 5350 Strobl | Öffnungszeiten ganzjährig frei zugänglich | Anfahrt B 158, in Strobl-Ost abfahren und via Bahnstraße zur Kreuzung Moosgasse | Tipp Jeden Freitag bieten Bauern aus der Umgebung schräg gegenüber regionale Spezialitäten feil. Eine Büste des Schauspielers Emil Jannings, der in Hollywood 1929 den allerersten Oscar überhaupt erhielt, ist an der Ecke Ischlerstraße/Bahnstraße zu sehen.

99 Die Brennerei Primushäusl

Prima Schnäpse und Liköre

Im Strobler Teil der Ortschaft Abersee verstehen sich Josef (Sepp) Rieger und sein Sohn Sigmund (Sigi) meisterhaft darauf, aus der Salzburger Birne, der Schwarzen Ribisel, der Gebirgsvogelbeere und vielen weiteren Früchten feinste Destillate zu kreieren. Die Edelbrände der Marke Primushäusl räumen bei der weltweit wichtigsten Fachmesse, der Destillata, seit Jahren Goldmedaillen am laufenden Band ab – auf zu einer Verkostung!

Den heimeligen Rahmen bildet ein Blockhaus, in dem die Brennerei von Rieger senior untergebracht ist. Mit fachkundigen Kommentaren zu den einzelnen Proben, den verwendeten Früchten und ihrem Aroma wird die Degustation begleitet. Bald tut sich ein ganz eigenes Universum auf: Hier ein Bukett aus Apfel- und Birnenaromen, dort überwiegen nussige oder malzige Noten. Nach jeder Runde wird der Gaumen mit Wasser neutralisiert. Eine ausführlichere Verkostung geht mit einer Jause einher. Und wenn gerade Maische verfügbar ist, kann man sogar einen kompletten Brennvorgang miterleben.

Bekannt wurde Rieger senior mit dem Edelbrand von der Salzburger Birne. Angebaut wird die Frucht, wie auch Zwetschken oder manche Apfelsorten, die ebenfalls in klassische Primushäusl-Destillate einfließen, in Obstgärten der Umgebung. Andere Rieger-Erzeugnisse sind exotischer – die Bio-Früchte für den Mandarinen-Brand etwa kommen aus Sizilien.

Panoramafenster, Sitzbänke aus schwarzem Leder und stylishe Accessoires: Ein visuelles Kontrastprogramm zur ländlichen Schaubrennerei bietet eine zweite Destillerie am Hof. Hier entstehen unter der Regie von Sigi Rieger Kreationen wie der beerenfruchtige »Juchitza Gipfelgin«, der »Wüdara Whisky« – ein 10 Jahre lang gelagerter mildmalziger Single Malt – und der erste Rum vom Wolfgangsee. Demnächst bringt der experimentierfreudige Jungbrenner einen exotischen Dschungel-Gin und einen 7 jährigen, rauchigen Single Malt auf den Markt. Auf dem Hof kann man all die feinen Sachen erwerben.

Adresse Gschwendt 40, 5342 Strobl-Abersee, Tel. +43 (0)6137/7047, www.primushaeusl.at | Öffnungszeiten auf Anfrage, Verkostungen ab 10 Personen | Anfahrt von der B 158 zwischen Strobl und St. Gilgen in die Gschwendter Landesstraße einbiegen, nach circa 300 Metern geht es auf der linken Seite zum Primushäusl (ausgeschildert) | Tipp Fahren Sie weiter in Richtung Strobl und genießen Sie im Gasthaus Mahdhäusl, Haberg 9 (Tel. +43 (0)6137/7485, Di. geschl.), Lamm- und Wildspezialitäten sowie schöne Blicke auf den Wolfgangsee. Kulinarisch und vom Preis-Leistungs-Verhältnis ist in Strobl selbst der Kirchenwirt top.

100 Das Nikolo-Museum

Strohschab und Loafn

Der 6. Dezember ist der Tag des heiligen Nikolaus, dessen Bedeutung in verschiedenen Kulturkreisen mannigfaltig ist. In den Vereinigten Staaten geht ohne den dicken Mann mit Rauschebart zu Weihnachten gar nichts. Santa Claus steht an jeder Ecke, lässt seine Glocke erklingen und beschenkt die braven Kinder – an seiner Seite Rudolf das Rentier mit treuherzigem Blick.

Über amerikanischen Kitsch kann man geteilter Meinung sein, wer die Urwüchsigkeit des heiligen Nikolaus erleben will, ist im Nikolo-Museum in Tauplitz besser aufgehoben. Hier stehen das ganze Jahr über die Figuren und Masken der Nikolo-Spielgruppe Tauplitz, die einmal im Jahr am 5. Dezember in einem großen Umzug zum Leben erweckt werden und dabei vornehmlich weibliche Zuschauer in Angst und Schrecken versetzen. In Räumlichkeiten des Gasthauses Thomahof kann man über 60 Holzmasken betrachten, die von einheimischen Schnitzern in liebevoller Kleinarbeit geformt wurden. Außerdem gibt es ein Ensemble lebensgroßer Umzugs-Figuren zu bestaunen, aus denen der »Strohschab« besonders hervorsticht – eine sechs Meter hohe Strohpuppe, die den Umzug traditionell anführt.

Familie Gruber ist über das Jahr fleißig mit Schnitzen und Restaurieren der Kostüme und »Loafn« beschäftigt. Alfred und Sohn Roman kümmern sich sowohl um die Ausstattung des Museums als auch um den reibungslosen Ablauf des Spektakels. Besucher sollten sich im Gasthof anmelden, dafür bekommen sie eine ganz persönliche Führung – die Hausherren zeigen und erklären nicht nur Kostüme und Masken, man kann den Künstlern in der Werkstatt sogar beim Schnitzen über die Schulter schauen.

Jenseits des Atlantiks wird mit dem heiligen Nikolaus auf amerikanische Art Tradition und Geschäft miteinander verbunden. Im Salzkammergut springen vielleicht nicht so viele Dollars raus, aber die Familie Gruber hat eine Riesenfreude und erhält mit ihrem Museum uraltes Brauchtum lebendig.

Adresse Roman Gruber, Gasthof Thomahof, Klachau 22, 8982 Tauplitz-Klachau, Tel. +43 (0)3688/2110, www.tauplitz.at | **Öffnungszeiten** Das Museum ist täglich nach Voranmeldung geöffnet. | **Anfahrt** B 145 Richtung Tauplitz, in den Ortsteil Klachau, bei der Feuerwehr rechts abbiegen zum Gasthof Thomahof | **Tipp** In der Grimming-Therme Bad Mitterndorf lässt es sich wunderbar ausspannen (www.grimming-therme.com).

101 Die Skiflugschanze

Die Helden der Lüfte

Der Adler ist ein majestätischer Raubvogel und zieht seine Runden hoch über den Gipfeln der Alpen. »Die Adler« gehören einer anderen Spezies an, sie sind das Synonym für österreichische Skispringer, die elegant vom Bakken abheben und, den Flugwind um die Ohren, sicherem Erdboden entgegen schweben. Österreichs Equipe hat alles gewonnen, was es zu gewinnen gibt, Namen wie Hupo Neuper, Andi Goldberger und Gregor Schlierenzauer lassen den Fan mit der Zunge schnalzen.

Der Grundstein für diese Erfolge wurde am Kulmkogel im steirischen Tauplitz gesetzt, zu einer Zeit, wo Skispringen noch die Beschäftigung waghalsiger Enthusiasten war. Nach dem Zweiten Weltkrieg baute Hupert Neuper senior mit einigen Getreuen eine Schanze, die noch heute die größte Naturschanze der Welt ist. Er selbst sprang als Erster, und bald wurden Weiten über 100 Meter erreicht. Nach und nach wandelte sich der Kulm zur Skiflugschanze, zwei Weltmeisterschaften wurden hier ausgetragen und der Weitenrekord auf 215 Meter mehr als verdoppelt.

Geschäftsführer Hupert Neuper ist umtriebig und versucht, den Kulm auch außerhalb der Wettbewerbe attraktiv zu machen. Das neue Starthaus ist mit dem Sessellift bequem erreichbar und ein perfekter Aussichtspunkt über dem Hinterbergertal. In der Mittelstation des Liftes werden im Kampfrichterturm Weiten und Haltung der Skiflieger benotet. Hier ist aber auch ein Museum untergebracht, in dem sich der Besucher ein Bild von der Geschichte des Ortes und den Helden der Lüfte machen kann. Apropos, es geht auch umgekehrt: Bei einer Laufveranstaltung ist die Strecke vom Ziel bis zum Start hinaufzulaufen, der Rekord liegt bei circa fünf Minuten – da bedarf es gewaltiger Muskeln.

Gefiederte Adler haben es leichter, ihnen genügt die Kraft der Flügel, um sich in die Lüfte zu erheben – und Menschen zu beobachten, die es ihnen zumindest für ein paar Sekunden nachmachen.

Adresse 8982 Tauplitz, Tel. +43 (0)3623/2446, www.tauplitz.at | Öffnungszeiten Mi–Sa 10–18 Uhr | Anfahrt B 145 Richtung Ortschaft Tauplitz, die Skiflugschanze ist von der Straße einzusehen | Tipp Im Winter unbedingt die Brettln mitnehmen – die Tauplitz ist ein traumhaftes Skigebiet.

102_Die Kolomanskirche

Mythos jenseits der Donnerkuppeln

Um eine Kirche zu besuchen, bedarf es allgemein eines festen Glaubens. Bei der Kolomanskirche sollte man eine zweite Tugend mitbringen – nämlich Mut! Das Plätzchen liegt an der Grenze zu einem militärischen Sperrgebiet, wo zu Zeiten des Kalten Krieges aus enormen Kuppeln Lauschangriffe gegen den »Feind aus dem Osten« gestartet wurden.

Tempi passati: Hinweisschilder wie »Sperrgebiet – Betreten verboten – Lebensgefahr« gehören mittlerweile zur militärischen Folklore. Heute besteht die einzige Gefahr darin, sich Blasen an den Füßen zu holen, denn der Aufstieg ist nicht von schlechten Eltern – aber er zahlt sich aus. Auf einer Ebene knapp unterhalb des Gipfels steht die aus Baumstämmen gezimmerte Kirche, welche außen vollständig mit Schindeln verkleidet ist. Gewidmet ist sie dem heiligen Koloman, der vor 1.000 Jahren aus Irland nach Österreich kam. Der Mythos besagt, dass er an dieser Stelle rastete und eine Quelle entsprang, die seinen Durst löschte. Leider fand er hier später auch den Märtyrertod.

Das Innere der Kapelle ist karg, die Wände sind weiß getüncht und von Kerzenspuren übersät, Kanzel und Altar schwarzhölzern, schlicht, der Bau beispielhaft für ländliche Kirchenbaukunst des 17. Jahrhunderts. Prozessionen und Bittgänge zu diesem heiligen Ort entsprechen einer uralten Tradition, zahllose Votivbilder zeugen von tiefem Glauben an die Kraft und Wirkung der Kolomansquelle.

Man fühlt sich ein wenig wie in Klein-Lourdes, denn gleich beim Eingang lehnt eine ansehnliche Zahl von Krücken, die nach Spontanheilungen außer Dienst gestellt wurden. Insgesamt vermittelt der Platz ein Gefühl von Stärke und den Eindruck ehrlichen Glaubens. Dieser versetzt ja bekanntlich Berge, und ein Ausflug zum Kirchlein lohnt sich auch für Atheisten – denn die spirituelle Energie eines besonderen Ortes rührt jedes menschliche Herz.

Adresse Kolomanskirche, Kolomanstraße, 5303 Thalgau-Rauchenschwandt, Tel. +43 (0)6235/7350, www.thalgau.at | **Öffnungszeiten** Die Kirche ist täglich von 10–17 Uhr geöffnet. | **Anfahrt** A1 Abfahrt Thalgau, von Thalgau kommend können Sie über den Thalgauberg bis zu einer Schranke fahren. Dann sind es noch circa 30 Gehminuten zur Holzkirche. | **Tipp** Eine Fußwanderung vom Mooswirt oder aus dem Ortsteil Rauchenschwandt (Gemeinde Thalgau) ist zu empfehlen, man kommt in einen richtigen Märchenzauberwald.

103__Die Fischerhütte

Versunkene Schätze und feine Fische

Der Toplitzsee ist wie geschaffen für Mythen und Legenden – versteckt, dunkel und tief. Das Gewässer östlich des Grundlsees erreicht man von Gössl aus nur über eine schmale Straße oder auf Schusters Rappen. Hier soll so einiges von Wert versenkt worden sein, Berichte von Nazigold in der Dimension des Nibelungenschatzes lockten und locken Abenteurer und Glückssucher an diesen verschwiegenen Ort. Doch auch beim Tauchen und Schlammwühlen bekommt man Hunger und Durst, worin sich trefflich fügt, dass an den Gestaden eine Fischerhütte Speis und Trank bietet.

Der Betrieb wird seit bald 60 Jahren von ein und derselben Familie geführt, heute kümmern sich Albrecht und Hildegard Syen um das Wohl der Gäste. Besonders während der Sommermonate kann man auf der direkt am See gelegenen Terrasse genüsslich tafeln und dabei den Blick über die smaragdgrünen Untiefen des Toplitzsees gleiten lassen. Die Küche bietet, wie der Name des Hauses schon besagt, in erster Linie Saiblinge und Forellen aus den umliegenden Seen an, doch auch andere Geschmäcker werden von den Wirtsleuten bestens zufriedengestellt.

Wer sich nach einem gelungenen Mahl erhebt, braucht nicht einmal den Taucheranzug überzustülpen, um Geheimnisse und Geschichten rund um den Toplitzsee zu ergründen, denn direkt am Gelände des Wirtshauses künden Tafeln und Fundstücke von der bewegten Vergangenheit. Eine gewaltige Kugelmine und andere Relikte aus den Kriegstagen sowie Fotos von zahlreichen Tauchgängen – auch ein Mini-U-Boot wurde eingesetzt – sind zu bestaunen.

1959 drehte Gert Fröbe »Der Schatz vom Toplitzsee«; dieses sowie zahlreiche andere Filmprojekte brachten einen Hauch von Hollywood in die Idylle – selbst im James Bond Klassiker »Goldfinger« wird auf die versunkenen Reichtümer des Sees Bezug genommen. Anschauen, die Gedanken schweifen lassen und zum Abschluss ein Glas Wein bei der Fischerhütte – eine kugelrunde Sache.

Adresse Gössl 172, 8993 Grundlsee | **Öffnungszeiten** täglich außer Mi von 9–24 Uhr | **Anfahrt** B 145 nach Bad Aussee zum Grundlsee und weiter zum Toplitzsee fahren. Die letzten Kilometer zur Fischerhütte müssen Sie zu Fuß oder per Pferdekutsche zurücklegen. | **Tipp** Ein Ausflug zum Kammersee, der nur mit dem Boot und zu Fuß möglich ist – die Ablegestelle liegt direkt bei der Fischerhütte.

104_Das Bootshaus

Genuss auf Stelzen

Bedingt durch die Rechtschreibreform hat so mancher Zeitgenosse Probleme mit der richtigen und zeitgemäßen Orthographie. Doch sollte einem »Das Traunsee« unterkommen, so ist dies nicht den Gehirnwindungen eines Germanisten entsprungen, sondern ein wunderbarer Ruheort am tiefsten See Österreichs mit freiem Blick auf den Traunstein. In diesem Hotel werden dem Besucher nicht nur Wohnen und Entspannen im Herzen des Salzkammergutes, sondern im Restaurant »Bootshaus« kulinarische Genüsse auf höchstem Niveau geboten. Terrasse und lichtdurchfluteter Innenraum ruhen auf einer Holzkonstruktion, vor den Augen des Gastes öffnet sich der See über den Traunstein bis hin nach Gmunden. In der Küche geht das kongeniale Duo Lukas Nagl und Michael Kaufmann ans Werk, die Philosophie des Hauses wird erdig und gerade auf den Teller gebracht – Fisch, Fleisch und Gemüse sind ebenbürtige Gaumenschmeichler und werden zu geschmacksintensiven Menüs komponiert. »Im Wandel der Werte« oder »Wildfang« heißen die Symphonien aus dem Besten, was Wasser, Wald und Wiese zu bieten haben – abgestimmt auf die Jahreszeiten und den Kreislauf der Natur. Harmonisch begleitet werden die Speisen von einer Weinkarte, die neben internationalen Positionen auch Gewächse von kleinen, aber feinen Weinbauern listet – Speis und Trank sollen zu einem Gesamterlebnis werden.

Eine Reservierung ist unerlässlich, denn der glänzende Ruf des Restaurants hat sich zurecht in alle Himmelsrichtungen verbreitet – hier wird nicht nur gegessen, sondern das Salzkammergut mit all seinen Facetten auf dem Teller zelebriert. Wenn man sich im Licht der untergehenden Sonne am Bootshaus zurücklehnt und die wunderbaren Kreationen der Küchenbrigade Revue passieren lässt, wird »der Traunsee« und »der Traunstein« als fast kitschige Kulisse für perfekten Genuss frei Haus geliefert – und jeder Deutschprofessor wird die Artikelwahl mit freundlichem Kopfnicken gutheißen!

Adresse Restaurant Bootshaus, Klosterplatz 4, 4801 Traunkirchen, Tel. +43 (0)7617/2216; das Restaurant gehört zum Seehotel »Das Traunsee«traunsee@traunseehotels.at, www.dastraunsee.at | Öffnungszeiten Do–Mo 18–21 Uhr, Sa, So und Feiertage auch 12–14 Uhr | Anfahrt auf der A1 die Ausfahrt Regau nehmen und die B145 nach Traunkirchen nehmen und bis zum Klosterplatz fahren | Tipp Am Kalvarienberg in Traunkirchen finden Sie eine Kapelle mit interessantem Interieur – Jerusalem liegt hier inmitten eines Bergpanoramas.

105_Die Fischerkanzel

Wie die Wellen des Traunsees

Traunkirchen wird zu Recht als Perle des Salzkammergutes bezeichnet – Perlen bestehen aus vielen Schichten, die einen inneren Kern haben. Hier ist dieses Zentrum die Pfarrkirche des Ortes mit ihrer einzigartigen Fischerkanzel.

Als sicher gilt, dass dieser Platz bereits als heidnische Kultstätte diente und das später darauf errichtete Kloster Traunkirchen der Missionierung diente. Hier entstand das älteste Frauenkloster Oberösterreichs, das durch eine wechselhafte Geschichte ging. Zwei Brände wüteten im Lauf der Jahrhunderte, und in der Reformationszeit starb der Konvent vorübergehend aus. Jesuiten ließen im 17. Jahrhundert das heutige Gebäude mit seiner phantastischen Barockarchitektur errichten, von den Vorbauten sind nur wenige Bruchstücke wie ein Taufstein und bemalte Rundfenster vorhanden.

Die barocke Ausstattung ist üppig und durch Renovierungen hervorragend erhalten. Die dreischiffige Säulenhalle aus Tonnen- und Gratgewölben erzeugt ein ganz besonderes Licht und lässt das Prunkstück der Kirche in goldenem Glanz erstrahlen: Die 1753 von einem unbekannten Künstler geschnitzte »Fischerkanzel« stellt allegorisch das Wunder des reichen Fischfanges dar. Eine Wellenkaskade weitet sich zu einem Boot, dessen Netz prall gefüllt ist und von den Aposteln Jakobus und Johannes an Bord gehievt wird. Über ihnen schweben der segnende Christus und Petrus als Inbegriff des Fischers. Den Schalldeckel krönt eine Statue des heiligen Franz Xaver, der von vier dunkelhäutigen Figuren, die den damaligen Fernen Osten symbolisieren, umringt wird. Ihrer Mitte entsteigt ein mächtiger Krebs mit dem Kreuz in seinen Zangen dem Meer, um es dem heiligen Franz Xaver zu Füßen zu legen.

Der Reichtum an Figuren und bildhaften Abläufen vermittelt dem Betrachter der Fischkanzel den Eindruck einer Momentaufnahme auf stürmischer See – unglaublich lebendig, plastisch und lebensnah.

Adresse Klosterplatz 1, 4801 Traunkirchen | Öffnungszeiten täglich 10–17 Uhr | Anfahrt B 145 nach Traunkirchen Ortszentrum, Beschilderung Pfarrkirche Traunkirchen folgen | Tipp Schauen Sie bei der »Russenvilla«, Kalvarienberg 9, im Zentrum von Traunkirchen vorbei – sie wurde von Theophil Hansen erbaut.

106 Die Galerie Erlas

Der Ursprung der Kunst

Der »Salvator Mundi« war eine Zeit lang als das teuerste Gemälde der Weltgeschichte in aller Munde – ob der Preis mit dem göttlichen Beistand des Erlösers erzielt wurde, bleibt dahingestellt. Spirituelle Unterstützung der allergrößten Ordnung ist jedenfalls der »Galerie Erlas« gewiss, denn sie liegt im so genannten »Heiligen Bezirk« am See in Traunkirchen. Der Erfolg dieses Hauses beruht jedoch auf irdischem Zutun, denn die Besitzer Barbara Loidl und Alfred Woisetschläger gingen das Risiko ein, ihre Tätigkeit als Werbegrafiker an den Nagel zu hängen und sich lieber auf die Präsentation junger Künstler zu konzentrieren.

Das an den Johannesberg geschmiegte Gebäude am Traunseeufer hat eine lange Geschichte, die bis in die Hallstatt-Zeit zurück reicht – zuletzt diente es dem Jesuiten-Kloster als Schuppen und war in einem erbärmlichen Zustand, als das Paar begann, hier eine Insel der Kunst zu schaffen. Die Räume bestechen durch Klarheit und gewisse Strenge, dieser Purismus lenkt nicht ab und lässt den Blick des Betrachters auf die ausgestellten Werke fokussieren. Durch eine mittig gesetzte Trennwand ist die Schaufläche verdoppelt, große Fenster erhellen die Exponate.

Viermal im Jahr – von Mai bis Oktober – wird aufstrebenden Künstlern die Möglichkeit geboten, sich am Traunsee einem Publikum zu präsentieren, das frische Kunst sucht und hier punktgenau findet – zusammengestellt von Galeristen, die Mut zur Lücke beweisen.

Eine Anekdote am Rande, die als Gründungsmythos der Galerie gilt: In ihrem Atelier hatten die beiden Grafiker ein Gemälde der Künstlerin Sigrid Hutter aufgehängt, das Gustave Courbets »Der Ursprung der Welt« mit kirchlichem Bezug thematisiert und starke Reaktionen im »Heiligen Bezirk« auslöste. Ein Platz, wo Kunst derartig aufregt und anregt, hat es wahrlich verdient, dauerhaft als Kultur-Kraftort zu wirken.

Adresse Klosterplatz 11, 4801 Traunkirchen, Tel. +43 (0)664/5814030, office@erlas.at, www.erlas.at | **Öffnungszeiten** bei Ausstellungen Di–So 14–18 Uhr, ansonsten wird ein Anruf erbeten – Besucher sind jederzeit willkommen | **Anfahrt** auf der A 1 die Ausfahrt Regau und die B 145 nach Traunkirchen nehmen und bis zum Klosterplatz fahren | **Tipp** In Altmünster »Nach dem See Nr. 38« steht die »Fischbrathütte«. Genießen Sie knusprige Steckerlfische mit Blick auf den Traunstein. Von Mai bis September bei schönem Wetter 11–20 Uhr geöffnet!

107 Das Goldhauben-Museum

Exquisite Stücke aus Mutters Schatztruhe

Viele Frauen im Salzkammergut legen Wert auf Heimattradition und die damit verbundenen Trachten, Festkleider und im Speziellen die »Goldhaube«, eine prächtige Kopfbedeckung, die sich seit Generationen bewahrt hat. Jede Faser hat eine eigene Geschichte.

Zu Beginn des 19. Jahrhunderts entwickelte sich die Goldhaube als Statussymbol, eine Art Krone für Bürgersfrauen und reiche Bäuerinnen, die kunstvoll bestickt zu seidenen Festkleidern getragen wurde. Diese prächtigen Hauben wurden und werden in der Familie vererbt und wie Schätze gehütet, das Sticken ist eine hohe und schwierige Kunst, die von Goldhauben- und Kopftuchgruppen weitergegeben wird.

In den historischen Räumen des ehemaligen Nonnenklosters Traunkirchen hat die örtliche Fraktion ein Museum eröffnet, das sich mit diesen und ähnlichen traditionellen Handarbeitstechniken beschäftigt. Die Mitglieder haben dem Haus exquisite Stücke aus dem Privatbesitz überlassen, und viele Exponate besitzen historischen Wert. Gestickte Tücher, Wandbehänge, Pölster, Spruchbänder, Häkelkragen, Spitzenhandschuhe, Strickstutzen … Schier unendlich ist die Zahl der Stücke, aus der vormals die Aussteuer bestand. Je prächtiger und aufwendiger gestickt und gehäkelt wurde, umso höher war das Prestige der Besitzerin. Es galt geradezu als selbstverständlich, dass diese komplizierten Techniken nicht von Handwerkern, sondern von den Frauen selbst ausgeführt wurden.

Liebevoll arrangierte Räume bieten sich dem Betrachter als Kaleidoskop dieser regionalen Traditionen dar, getreu dem Motto des Brauchtumvereins: »Wir wollen Schönheit ins Leben tragen.«

Mittlerweile ist diese herzliche Brauchtumspflege zum Weltkulturerbe ernannt worden, also hat der Museumsbesucher in Traunkirchen die Möglichkeit, »persönlich« in die Häkel- und Stickkunst eingeführt zu werden und dabei den Hauch der Unvergänglichkeit zu spüren.

Die Autoren

Stefan Spath, 1964 in Tirol geboren, lebt und arbeitet als Reisejournalist, Autor und Texter in Wien. Für die »111 Orte«-Reihe hat er bereits in Salzburg recherchiert sowie vier Mal in Zusammenarbeit mit Gerald Polzer – in Oberösterreich, Graz, dem Salzkammergut sowie in der Steiermark.

Gerad Polzer, 1959 in Graz geboren, schreibt als Autor und Feuilletonist in Wels. Zusammen mit Stefan Spath veröffentlichte er die Bände »111 Orte im Salzkammergut«, »111 Orte in Graz«, »111 Orte in Oberösterreich« und »111 Orte in der Steiermark«.

Die Fotografin

Pia Claudia Odorizzi von Rallo, geboren 1964 in Wels, lebt und arbeitet in Wien und Oberösterreich. Seit 25 Jahren ist sie selbstständige Fotografin mit den Schwerpunkten Architektur, Kunst und Emotion.

Textnachweis

Gerald Polzer: Kapitel 1–15, 28, 30–32, 46–51, 62-64, 74-76, 83, 85, 87–95, 100–111;
Stefan Spath: Kapitel 16–27, 29, 33–45, 52–61, 65–73, 77–82, 84, 86, 96 –99

Karl Haimel, Peter Eickhoff
111 Orte in Wien, die man gesehen haben muss
ISBN 978-3-89705-969-6

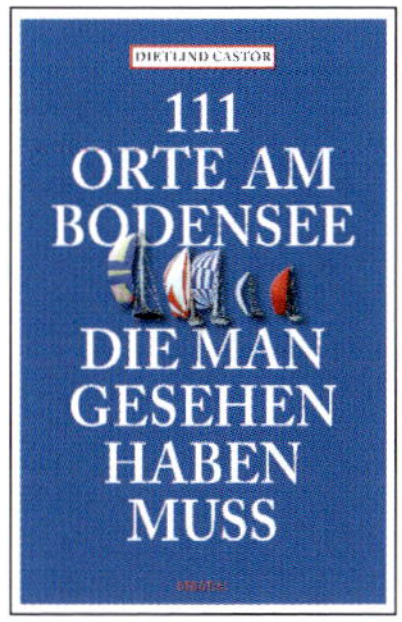

Dietlind Castor
111 Orte am Bodensee, die man gesehen haben muss
ISBN 978-3-95451-063-4

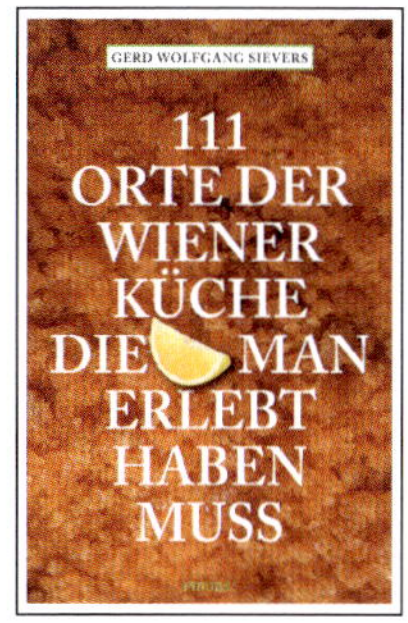

Gerd Wolfgang Sievers
111 Orte der Wiener Küche, die man erlebt haben muss
ISBN 978-3-95451-337-6

Matěj Černý, Marie Peřinová
111 Orte in Prag, die man gesehen haben muss
ISBN 978-3-95451-927-9

Susanne Gurschler
111 Orte in Innsbruck, die man gesehen haben muss
ISBN 978-3-7408-0343-8

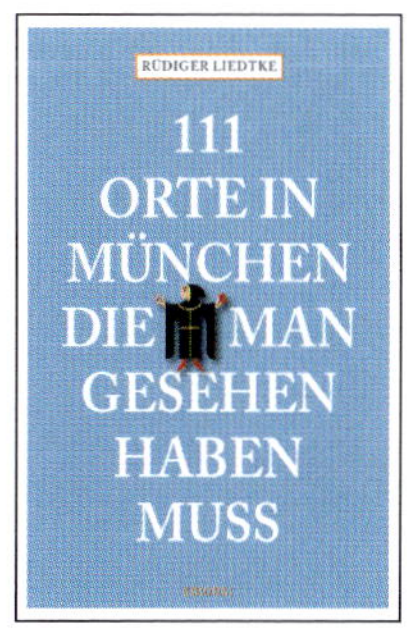

Rüdiger Liedtke
111 Orte in München, die man gesehen haben muss
ISBN 978-3-89705-892-7

Rüdiger Liedtke
111 Orte in München, die man gesehen haben muss. Band 2
ISBN 978-3-95451-043-6

Reiner Vogel, Maximilian Raab
111 Orte in Regensburg, die man gesehen haben muss
ISBN 978-3-95451-054-2

Gerd Wolfgang Sievers
111 Orte in Istrien, die man gesehen haben muss
ISBN 978-3-95451-858-6

Stefan Spath
111 Orte in Salzburg, die man gesehen haben muss
ISBN 978-3-95451-114-3

Gerald Polzer, Stefan Spath, Antonia Schulz
111 Orte in der Steiermark, die man gesehen haben muss
ISBN 978-3-7408-0140-3

Gerald Polzer, Stefan Spath
111 Orte in Oberösterreich, die man gesehen haben muss
ISBN 978-3-95451-857-9

Gerald Polzer, Stefan Spath
111 Orte in Graz, die man gesehen haben muss
ISBN 978-3-95451-466-3

Andrea Nagele,
Marion Assam, Martin Assam
111 Orte in Klagenfurt und am Wörthersee, die man gesehen haben muss
ISBN 978-3-95451-591-2

Marion Rapp
111 Schätze der Natur rund um den Bodensee, die man gesehen haben muss
ISBN 978-3-95451-619-3

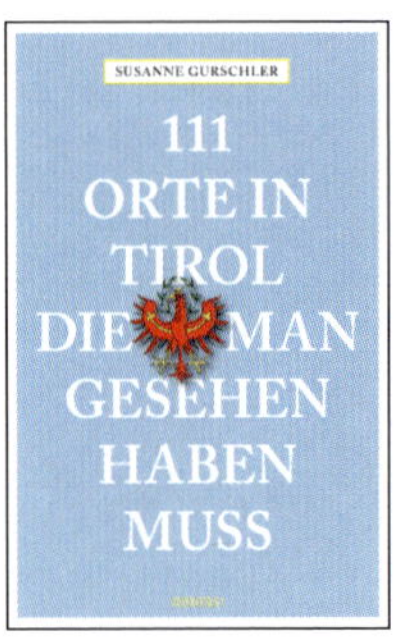

Susanne Gurschler
111 Orte in Tirol, die man gesehen haben muss
ISBN 978-3-95451-834-0

Gerd Wolfgang Sievers
111 Orte in Venedig, die man gesehen haben muss
ISBN 978-3-95451-352-9

Ottmar Neuburger,
Lisa Graf-Riemann
111 Orte vom Wilden Kaiser bis zum Dachstein, die man gesehen haben muss
ISBN 978-3-7408-0138-0

4
50
Gößl
103
Toplitzsee
Grundlsee
49
51
Grundlsee
Pichl-Kainisch
Tauplitz
Bad Mitterndorf
Zauchen
28
Klachau
101
100
Pürgg
76
Irdning
St. Martin
am Grimming
Niederöblarn
Öblarn
Gröbming
Stein
an der Enns
Pruggern
N
0
600 m

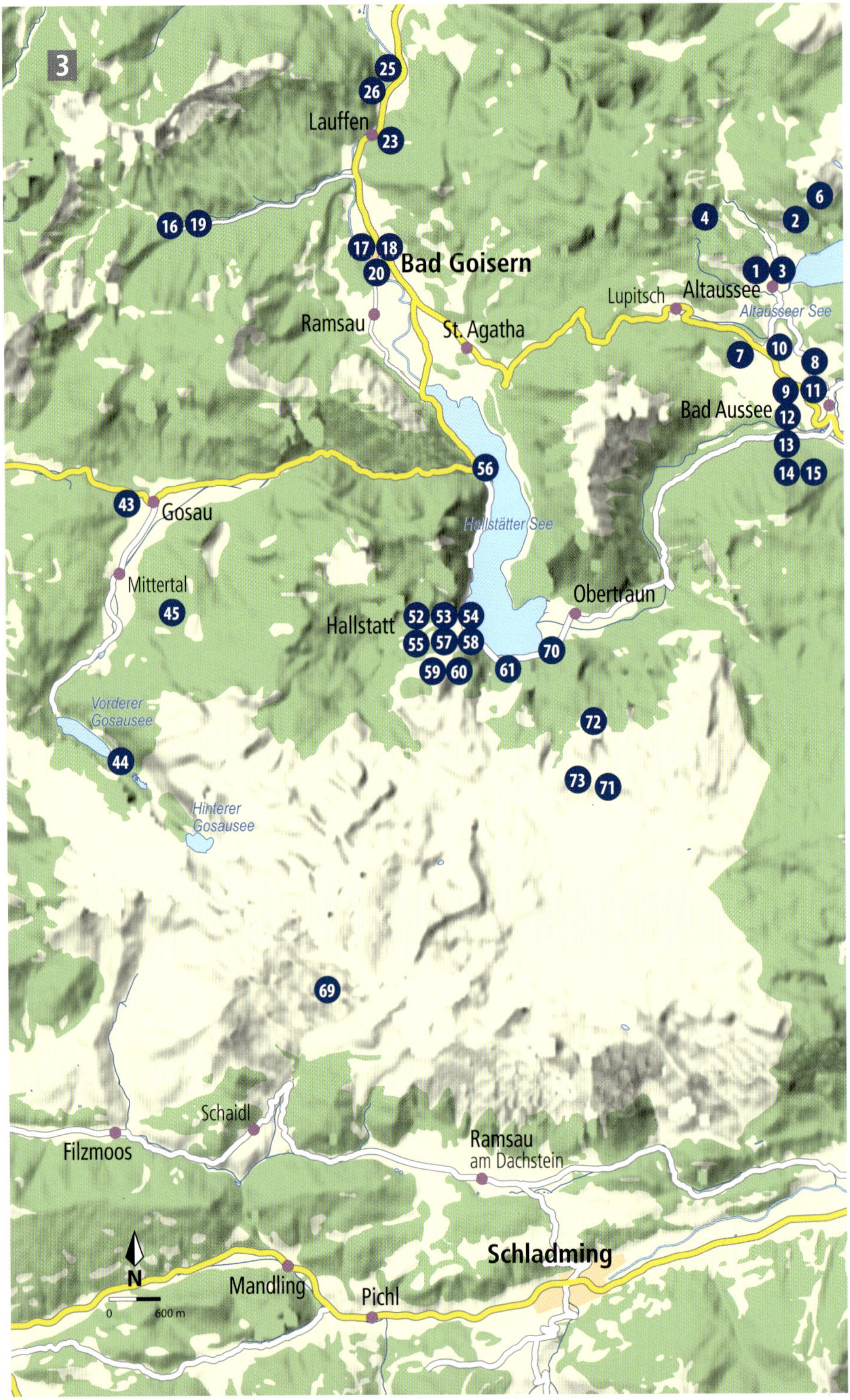

3
Lauffen
Bad Goisern
Ramsau
St. Agatha
Lupitsch
Altaussee
Altausseer See
Bad Aussee
Gosau
Hallstätter See
Mittertal
Obertraun
Hallstatt
Vorderer Gosausee
Hinterer Gosausee
Schaidl
Filzmoos
Ramsau am Dachstein
Schladming
Mandling
Pichl
N
0
600 m

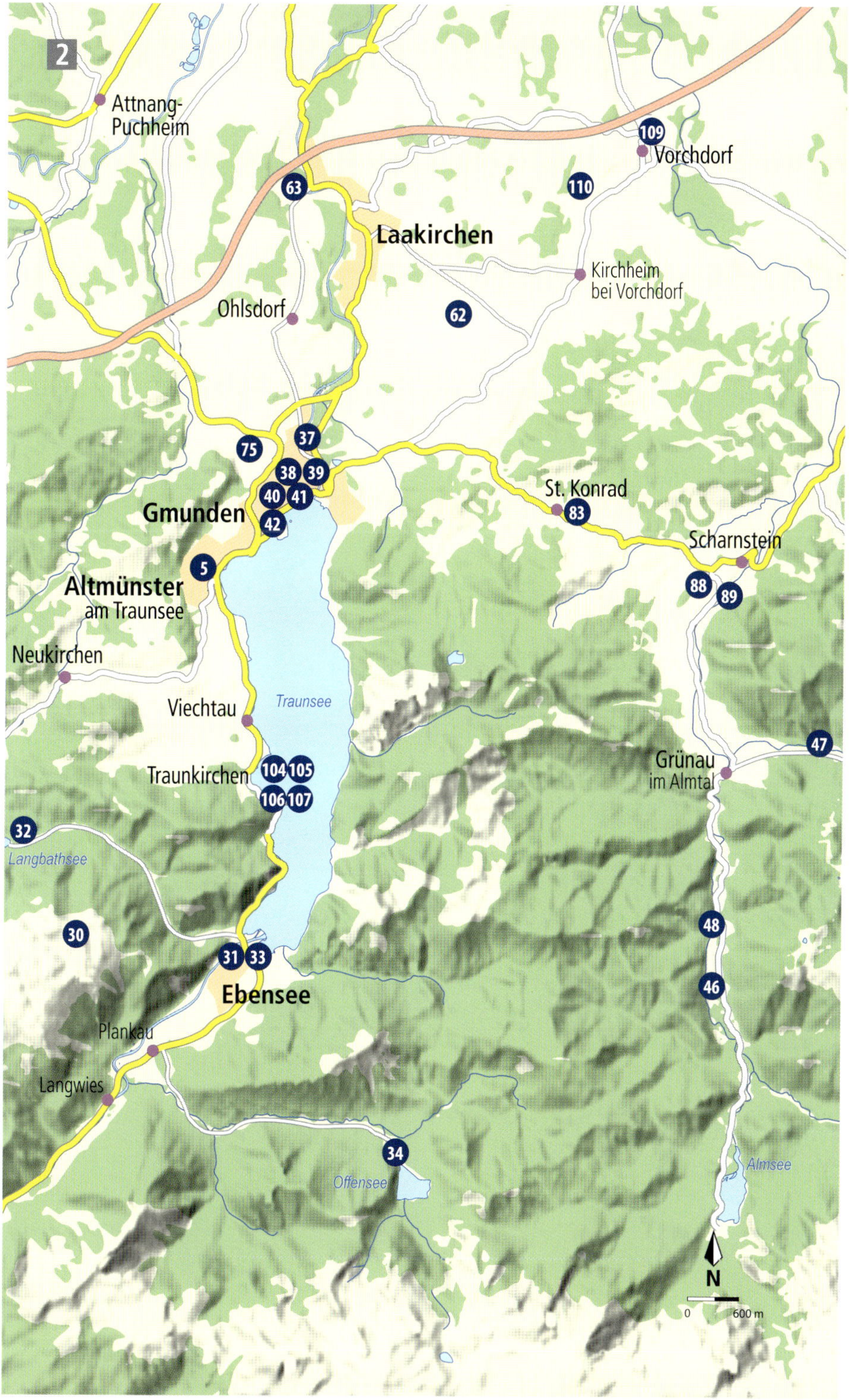
2
Attnang-Puchheim
109
Vorchdorf
63
110
Laakirchen
Kirchheim bei Vorchdorf
Ohlsdorf
62
37
75
38
39
40
41
Gmunden
42
St. Konrad
83
Scharnstein
5
88
89
Altmünster am Traunsee
Neukirchen
Viechtau
Traunsee
47
Grünau im Almtal
Traunkirchen
104
105
106
107
32
Langbathsee
48
30
31
33
46
Ebensee
Plankau
Langwies
34
Offensee
Almsee
N
0
600 m

1
Vöcklamarkt
Frankenmarkt
Gampern
Lenzing
N
0
600 m
A1
90
91
92
Seewalchen
am Attersee
Schörfling
am Attersee
St. Georgen
im Attergau
Attersee
am Attersee
Weyregg
am Attersee
Nußdorf
am Attersee
68
Attersee
95
Oberwang
64
65
66
67
Mondsee
84
Schwarz-
indien
A1
94
Steinbach
am Attersee
93
Mondsee
Unterach
am Attersee
Weißenbach
am Attersee
Scharfling
108
111
Winkl
82
86
78
79
St. Gilgen
Schwarzen-
see
80
Wolfgangsee
81
77
87
St. Wolfgang
im Salzkammergut
85
Abersee
99
Radau
98
96
Strobl
22
24
Bad Ischl
27
21

Wels
Lambach
1
2
A1
Vöcklabruck
Straßwalchen
Seewalchen
am Attersee
Pettenbach
74
Gmunden
Scharnstein
Irr-See
102
Attersee
Traunsee
A1
Mondsee
29
Ebensee
36
St. Gilgen
Faistenau
35
Wolfgangsee
Strobl
Bad Ischl
3
4
97
Grundlsee
Gosau
Bad Aussee
Hallstätter See
Bad Mitterndorf
Abtenau
Irdning
Gröbming
A10
Schladming
Radstadt
Altenmarkt
im Pongau
N
0
2 km

Adresse bei der B 153/Weißenbachtalstraße (zwischen Weißenbach und Bad Ischl), 4854 Weißenbach am Attersee | **Anfahrt** Westautobahn A 1, Abfahrt Schörfling, auf B 152 über Weyregg und Steinbach nach Weißenbach, biegen Sie vor Burgau ins Weißenbachtal ab | **Tipp** Die Wanderung auf den nahe gelegenen Schoberstein bietet einen prächtigen Blick aufs Weißenbachtal.

111_ Das Nudistenparadies

Versteckt im dunklen Tann

»Wos mocht a Nockerta im Hawelka?« Diese Frage stellte Georg Danzer in seinem legendären Song. Damals war das Flitzertum in Wien en vogue, und die Gesellschaft hatte einen kleinen, aber feinen Skandal. In jüngster Zeit ließen beunruhigende Nachrichten aus dem beschaulichen Weißenbachtal die Würdenträger der Gegend an einen runden Tisch zusammenkommen. Was war geschehen?

An sich ist der Ort ein wahres Paradies, hier ist die Welt noch in Ordnung – üppige, ausladende Natur und schöne Wege laden zum Wandern und Radeln ein. Mit dem Bike geht es entlang des malerischen Bächleins, eine besondere Attraktion ist der 50 Meter hohe Nixenfall am Fuße des Eibenbergs, wo der Sage nach die Attersee-Nixe zu Hause war.

Das Tal wird traditionell als Badeplatz genutzt, sein Wasser glitzert frisch und klar, schreit geradezu nach den Körpern der Sonnenbadenden – Abkühlung in seiner natürlichsten Form, auch Adam und Eva hätten eine wahre Freude an dieser Idylle gefunden. Also lag nichts näher, als die Gestaden des Weißenbachs nackt zu bevölkern. Doch halt! Wo Licht ist, da ist Schatten, also rotteten sich einige unappetitliche Gesellen zusammen und drehten Schmuddelfilmchen im unschuldigen Tal. Heftige Proteste waren programmiert, und so steckten diverse Behördenvertreter die Köpfe zusammen und fanden eine urösterreichische Lösung. Nacktbaden kann und will man nicht verbieten, daher wurde ein Modus Vivendi geschaffen, der für alle Beteiligten annehmbar ist.

Jetzt liegen die FKK-Zonen abseits der Wanderwege und sind durch rote Hinweistafeln gekennzeichnet. Bekleidete Wanderer und Radfahrer können wieder ungestört durchs Paradies lustwandeln. Damit ist Ruhe eingekehrt und der Streit um die nackten Tatsachen beigelegt. Sollten sich einige Leutchen trotzdem erotisch betätigen wollen, der dunkle Tann ist groß genug … Bambi und Reineke Fuchs werden sich ihren Teil denken.

Adresse Peintal 14, 4655 Vorchdorf, Tel. +43 (0)664/5514082, office@motorradmuseum-vorchdorf.at. | **Öffnungszeiten** Mai–Okt. täglich von 10–17 Uhr | **Anfahrt** Westautobahn A1, Abfahrt Vorchdorf, das Museum liegt direkt an der Autobahn. | **Tipp** Besuchen Sie das Schloss Eggenberg – es ist baulich interessant und außerdem gibt es gutes Bier aus der Schloss-Brauerei.

110 Das Motorradmuseum

Knutschkugel für Männer

»Riding to Hamburg, Munich next day, never feel down, riding on my BMW …« Dieser Song einer deutschen Combo aus den 1970er Jahren bezeichnet mit klaren Worten, welche Leidenschaft ein motorbetriebenes Zweirad hervorrufen kann, und nicht nur auf deutschen Highways, sondern auch auf dem beschaulichen Lande.

Am Tor zum Salzkammergut, etwas abseits von Vorchdorf steht das Motorradmuseum, in dem für den Zweiradfreak Weihnachten und Ostern auf den gleichen Tag fallen. Schon als junger Bursche begeisterte sich Franz Ammering, der Gründer und Betreiber des Museums, für flotte Zweiräder und begann, sich nach alten Maschinen umzusehen, um auf ihnen seinem jugendlichen Übermut freien Lauf zu lassen. Motorräder waren in den 1960er Jahren out, jeder fuhr Auto, und so wurde Franz vom Fahrer zum Sammler, der bald Gleichgesinnte BMW-Fans fand – gemeinsam gebar man die Idee, ein Museum zu gründen. Ein Vierkanthof im Peintal wurde erworben, für museale Zwecke adaptiert und in mühsamer Kleinarbeit sukzessive eine unglaubliche Motorradsammlung zusammengetragen.

Fast 100 Jahre BMW-Zweiräder werden hier lückenlos dokumentiert, Oldtimer, die einem Liebhaber die Freudentränen in die Augen treiben, werden neben Rennmaschinen präsentiert, die alle Geschwindigkeitsrekorde brachen. Seitenwagenmaschinen, Polizei- und Militärmotorräder, Scooter-Prototypen und sogar eine Isetta – die sogenannte Knutschkugel – sind hier zu bewundern. Da die Betreiber des Museums Respekt vor anderen großen Marken haben, werden auch Gusto-Stückerln wie Zündapps, Harley Davidsons und die legendären Puch-Motorräder aus Österreich gezeigt.

Das sagenumwobene Goldland »El Dorado« liegt zwar inmitten Südamerikas, doch für einen gestandenen BMW-Fan ist Vorchdorf der glänzendste Punkt dieser Erde. Damen Achtung: Männer nur unter Aufsicht im Museum herumstreunen lassen – es besteht höchste Sammelleidenschaft-Ansteckungsgefahr!

Adresse Sammlung Zeichnung und Graphik Tanglberg, Schloss Hochhaus, Schlossplatz 1, 4655 Vorchdorf, Tel. +43 (0)650/8401075, office@galerie-tanglberg.at | Öffnungszeiten Führungen nach Voranmeldung, am besten Freitag und Samstag | Anfahrt von der A1 bei Vorchdorf abfahren und zum zentralen Schlossplatz fahren, das Gebäude ist namensgebend | Tipp Gleich im Gebäude befindet sich ebenerdig ein Gasthaus mit Kachelöfen und Holzvertäfelung – gemütlich und hervorragendes Essen.

109 Die Grafik-Sammlung

Offenbarung im Schloss

Das Gebäude ist Zentrum von Vorchdorf und besticht durch klare, hochaufragende Architektur: Auf gotischen Grundmauern ruht ein zweistöckiger Renaissance-Bau mit elegantem Kranzgesimse. Diesem wehrhaften Schloss »Hochhaus« wohnt seit Juni 2017 eine grafische Galerie inne, die durch Vielfalt, Gestaltung und Harmonie glänzt – Werk um Werk eine Offenbarung.

Die Ausstellung präsentiert sich als Gesamtkunstwerk, perfekt rekonstruierte Räume erlauben einen Rundgang durch mehrere Epochen, Farb- und Lichtgestaltung der Zimmer umhüllen den Besucher und lassen ihn eintauchen in ein Meer der Kunst. Eröffnet wird der Reigen im Blauen Salon mit Werken des 16. und 17. Jahrhunderts, die ganz Großen der damaligen Zeit wie Tizian, Rubens und Michelangelo hängen mit beeindruckender Nonchalance Seite an Seite. Rot und Grün markieren die folgenden Epochen bis zur klassischen Moderne und unterstreichen mit Zeichnungen von François Boucher, Camille Pissarro und Moritz von Schwind zugleich internationale Breite und handwerkliche Qualität der Sammlung. Der zeitgenössische Trakt erstrahlt in Weiß und wird von Bildern aus dem Nachlass des großen Kulturhistorikers Wieland Schmied eröffnet – hier finden sich Gustav Klimt und Hermann Nitsch vereint mit Francis Bacon. Weiters spannt sich der Bogen von klassischer Moderne bis ins unmittelbare Heute, von Albin Egger-Lienz über Georg Baselitz und Othmar Zechyr bis hin zu Sigrid Reingruber – alle Werke haben unverwechselbaren Charakter und beweisen die Strahlkraft einer etwas unterschätzten Kunstform.

Das Haus verfügt auch über eine umfangreiche Alfred-Kubin-Sammlung – nichts passt besser zusammen als ein wehrhaftes Schloss und die geheimnisvollen Zeichnungen des genialen Symbolisten. Wer aus dem »Hochhaus« ins Freie tritt, fühlt sich wie »aufgetaucht« aus einer Welt der Striche und Schattierungen.

Adresse an der B 152, 4854 Unterburgau | Anfahrt A 1, Abfahrt Schörfling, über Weyregg. Direkt an der B 152 Seeleiten-Bundesstraße auf Höhe Unterburgau zwischen Steinbach und Unterach | Tipp Machen Sie eine Wanderung zum Hochmoor Egelsee in Unterach, die Naturkulisse ist einmalig.

108 Die Ferrari-Kapelle

Wie gewonnen, so zerronnen

Am Klauskogel tobte ein schwerer Sturm, auf einem schmalen Pfad kämpfte sich der junge Philipp von Ferrary durch das Unwetter und drohte mehrmals abzustürzen. Mit letzter Kraft erreichte er das Gestade des Attersees und blieb dort völlig erschöpft liegen. Dieser Rettung vor tosender Naturgewalt verdanken wir die Errichtung der Ferrari-Kapelle in Unterburgau am Attersee, denn der Überlebende dankte damit dem Herrgott.

Direkt an der Seeleiten-Bundesstraße gelegen, macht der Sakralbau einen bescheidenen Eindruck, unter Bäume geduckt und ein wenig heruntergekommen offenbart er jedoch dem Wissenden die Geschichte eines sagenumwobenen Mannes. Philipp, Herzog von Galliera, entstammte zwar einem italienischen Adelsgeschlecht, war jedoch unehelich geboren und entwickelte sich bald zum Enfant terrible der Familie. Er warf alle Konventionen und Titel ab, wurde zum Lebemann und konzentrierte sich in erster Linie darauf, die größte Briefmarkensammlung aller Zeiten zu besitzen.

Seine Verbundenheit mit dem Salzkammergut zog ihn immer wieder an den Attersee zurück, wo Ferrari, wie er sich nun nannte, bereit war, als Mäzen und Gönner große Teile des Familienvermögens unter die Leute zu bringen. Schon zu Lebzeiten unterstütze er die Orte Unterach und Steinbach nach Kräften, doch mit seinem Tod 1917 schien der Reichtum endgültig Einzug am schönen Attersee zu halten: Philipp vermachte den Gemeinden enorme Summen.

Doch der Zusammenbruch der Monarchie und die galoppierende Inflation machten einen dicken Strich durch die Rechnung. Nichts ist geblieben vom goldenen Tand, nur die 1891 eingeweihte Kapelle ist stilles Andenken an eine bemerkenswerte Persönlichkeit. Der Putz bröckelt schon ein wenig von den Wänden, und der Petersdom ist um einiges größer, doch was soll's … Geld und Ruhm sind verschwunden, die Kapelle ist geblieben.

Adresse Klosterplatz 2, 4801 Traunkirchen, Tel. +43 (0)664/5401364, www.goldhauben.info | **Öffnungszeiten** Mai–Okt. tageweise geöffnet, telefonische Anmeldung erwünscht | **Anfahrt** B 145 in Richtung Ortszentrum Traunkirchen fahren. Zum Parkplatz vom Kloster Traunkirchen abbiegen, das Museum befindet sich in einem Nebentrakt. | **Tipp** Wer sich für regionale Volkskunst interessiert, sollte das Krippenmuseum in der Kirchengasse 6 in Ebensee besuchen.